EDUCACIÓN SEXUAL

PARA NIÑOS Y NIÑAS

textos
José R. Díaz Morfa
Caterina Marassi Candia
Pilar Migallón Lopezosa
Mercedes Palop Botella

(Asociación Española de Sexología Clínica)

ilustraciones
Vane

LIBSA

© 2026, Editorial LIBSA, S.A.
C/ Puerto de Navacerrada, 88
28935 Móstoles (Madrid)
Tel.: (34) 91 657 25 80
e-mail: libsa@libsa.es
www.libsa.es

ISBN: 978-84-662-4539-5

Edición: Eva Melgar
Cubierta: Lucía Fernández Díez

EDUCACIÓN SEXUAL

PARA NIÑOS Y NIÑAS

Contenido

¿Por qué somos niños y niñas?

3

¿Qué hacen papá y mamá?

25

¿Y de dónde sale este bebé?

47

¡Esto es un lío!

69

Lo que hemos aprendido

91

Vocabulario

100

¿Por qué somos niños y niñas?

A los padres

¿Te pusiste rojo cuando tu hijo te preguntó
qué estaban haciendo esos dos en la «tele»?

¿Querías desaparecer cuando te preguntó por qué a veces
cerrábais la puerta de la habitación por la noche?

¿Pudiste aclarar a tu hija qué era eso de la menstruación
y por qué los hombres no la tienen?

Tus contestaciones y silencios, la forma de comportarse,
la elección de un programa de televisión,
lo que oyen en la calle; todo educa
o maleduca a niños y niñas.
Por eso necesitan de padres,
madres y educadores que
les den respuestas claras
y adecuadas a su edad.

4

y las madres

La obra que tenéis entre manos pretende ayudaros a proporcionar una información correcta a vuestros hijos e hijas y a dialogar con ellos sobre la sexualidad de una forma sincera y natural.

Tened la seguridad de que dar más información no significa incitar a la actividad sexual, sino aprender a reflexionar sobre ella, conocerse y respetarse a uno mismo y respetar a los demás.

En definitiva, formar a personas sanas y responsables.

¡Somos

6

—¿Sabéis cuándo crece el pecho de las chicas?

—A los dieciocho, ¿pero por qué a los chicos no nos crece?

—¿No es a los dieciséis? Y a vosotros... No sé...

A todas las chicas no les crece el pecho a la misma edad. A algunas les crece entre los 10 y los 12 años y a otras después. Las mujeres y los hombres somos distintos y también lo éramos de pequeños, aunque esto se nota más cuando se es mayor. Por ejemplo, los hombres tienen más pelos en la cara y las espaldas más grandes. Las mujeres tienen las caderas más anchas y los pechos abultados.

—¿Entonces somos diferentes en todo?

¡Claro que no! Muchas veces hay juegos, trabajos y deportes que nos parecen más masculinos, o sea «de niños», o más femeninos, «de niñas».

diferentes!

Lo cierto es que niños y niñas pueden jugar a lo que prefieran y elegir los trabajos que más les gusten cuando sean mayores.

Sin embargo, hay cosas que no podemos elegir: ser una persona alta o baja, rubia o morena, el color de nuestros ojos… Tampoco podemos elegir, de un modo natural, ser hombres o mujeres.

Así son

—¿Y ahora en qué somos diferentes? Yo no tengo...

Desde que nacemos, el cuerpo de las niñas y los niños es distinto, sobre todo en sus **órganos sexuales**.

Estos reciben muchos nombres, pero aquí los llamaremos por el nombre correcto. ¡Y vamos a ver cómo son!

8

Si miramos el dibujo de una niña abriendo sus piernas, vemos la **vulva**. Hay un bultito pequeño que se llama **clítoris**.

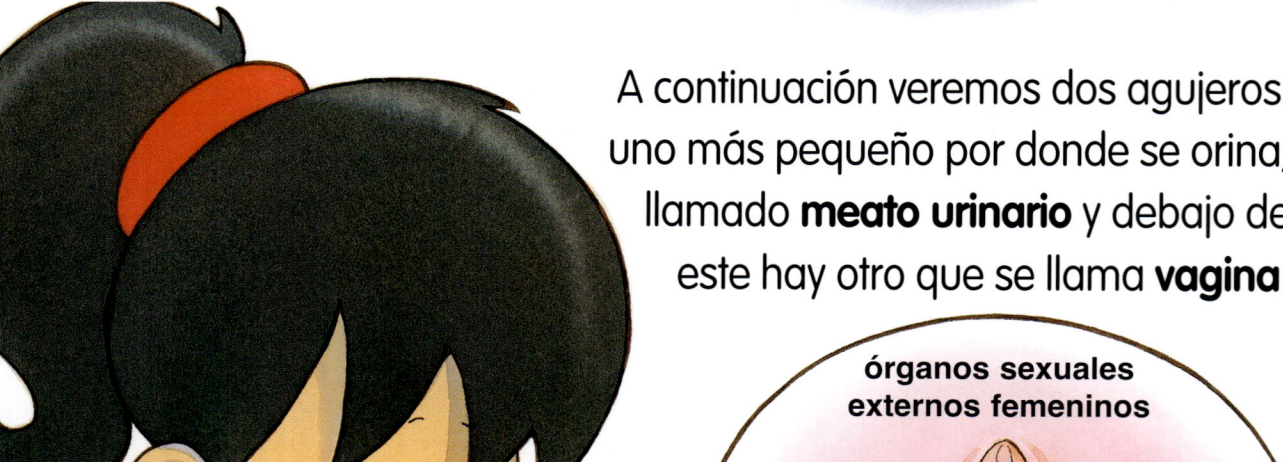

A continuación veremos dos agujeros: uno más pequeño por donde se orina, llamado **meato urinario** y debajo de este hay otro que se llama **vagina**.

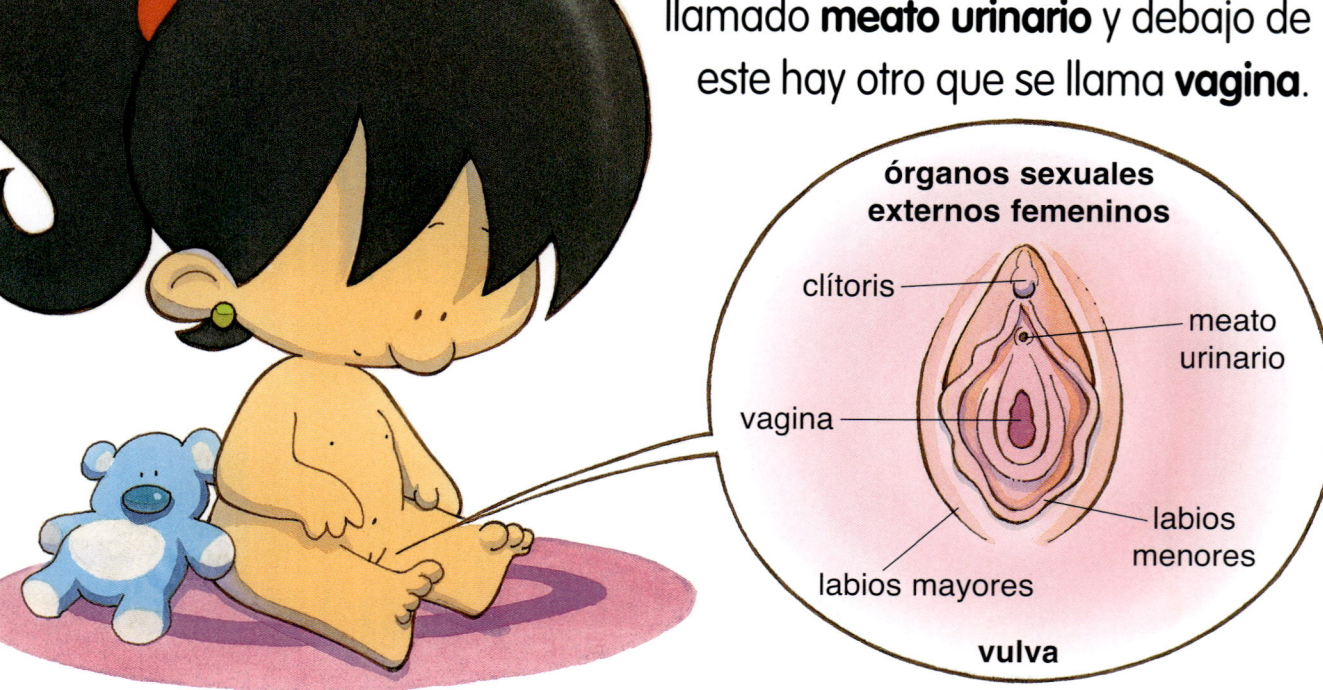

órganos sexuales externos femeninos

clítoris

meato urinario

vagina

labios menores

labios mayores

vulva

las niñas

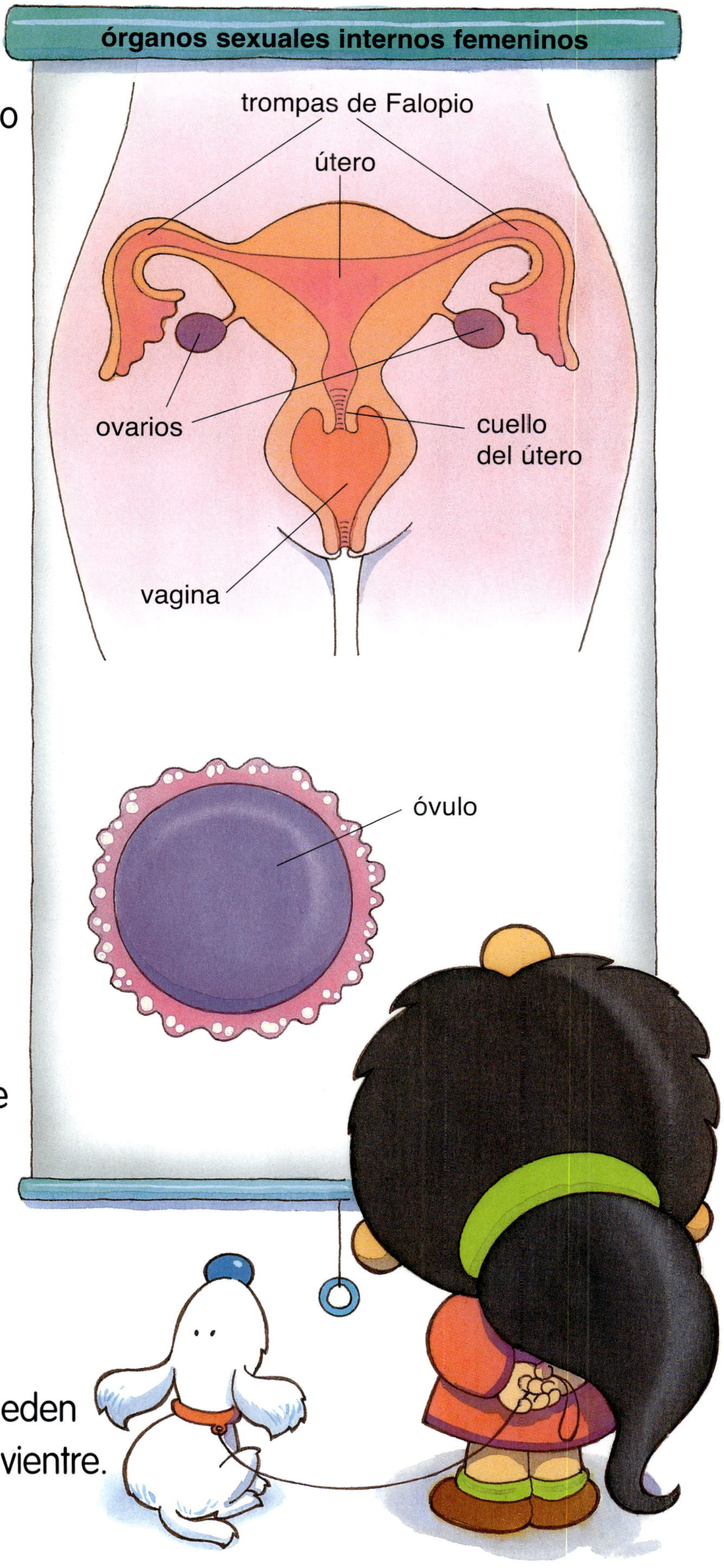

La vagina es como un pasillo estrecho que llega hasta un lugar llamado **útero**, que no podemos ver.

El útero es una especie de bolsa, tan flexible, que en él puede crecer y vivir un bebé hasta el momento de nacer.

Por encima del útero hay dos tubos llamados **trompas de Falopio** y muy cerca de ellas, a los lados, hay dos órganos pequeños llamados **ovarios**.

Los ovarios tienen en su interior miles de **óvulos**. El óvulo es como una especie de huevo, tan pequeño como la cabeza de un alfiler.

—¿Y eso cómo se ve?

Ni el útero ni los ovarios ni las trompas de Falopio se pueden ver, porque están dentro del vientre.

órganos sexuales internos femeninos

trompas de Falopio

útero

ovarios

cuello del útero

vagina

óvulo

9

Así son

—¿Y tú qué tienes?

Si miramos a un niño desnudo veremos el **pene**; la cabeza del pene o **glande** está recubierta por una piel llamada **prepucio**. Debajo del pene están los **testículos**, que son como dos bolitas y se encuentran dentro de una bolsa de piel llamada **escroto**. Estas bolitas sirven para fabricar **espermatozoides**.

órganos sexuales externos masculinos

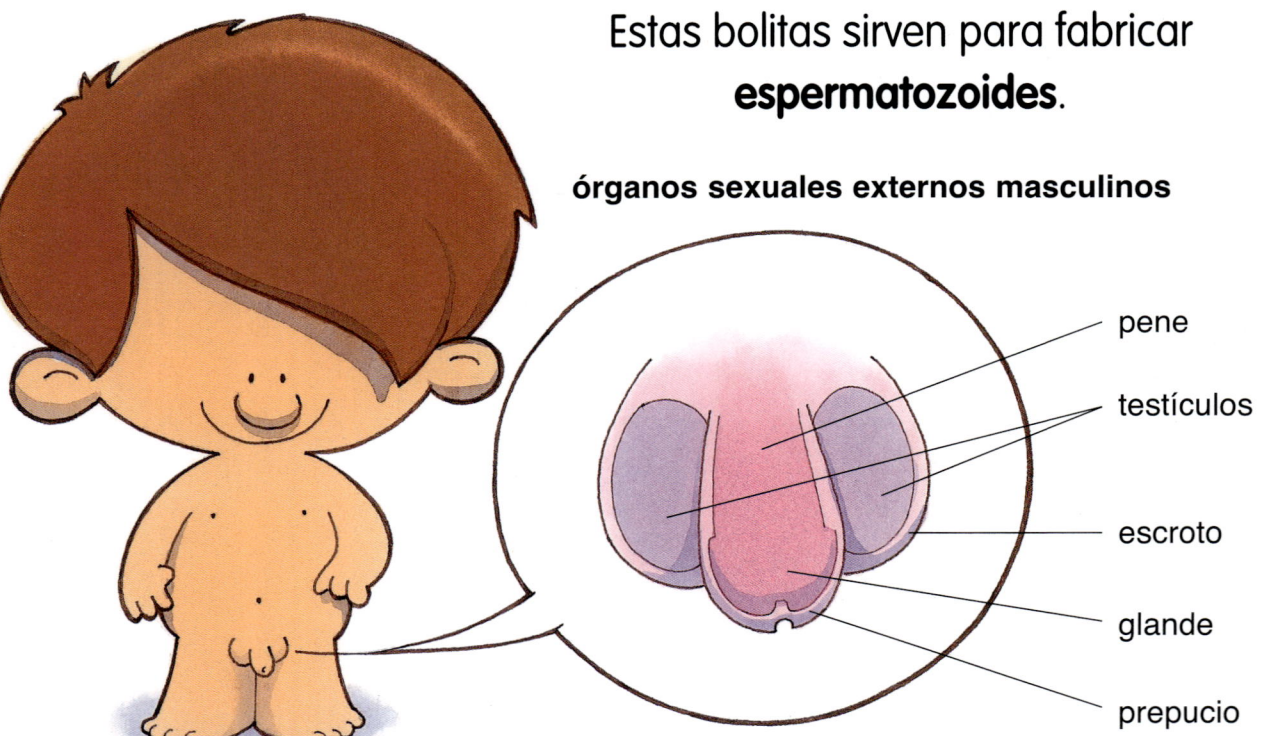

pene

testículos

escroto

glande

prepucio

los niños

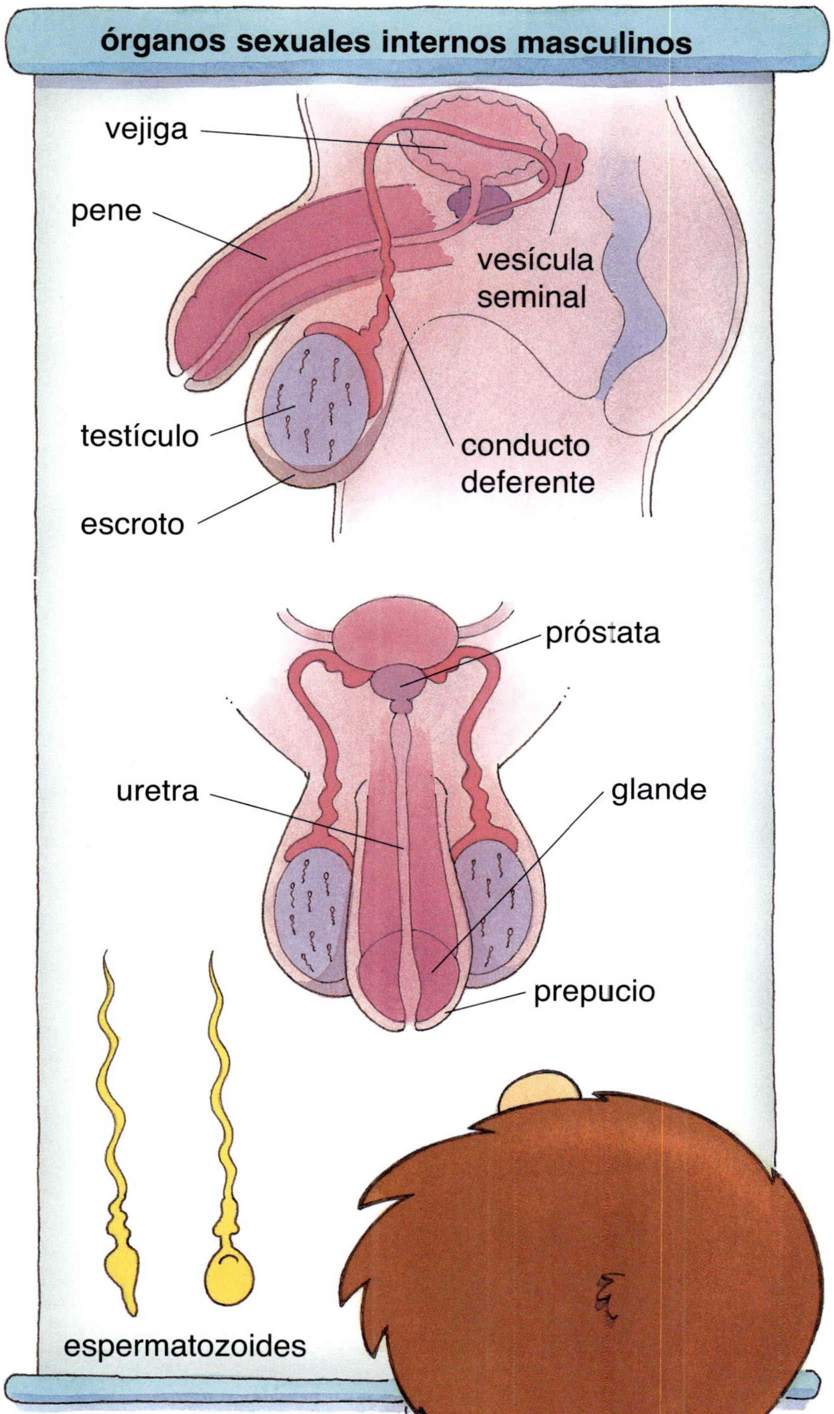

Los **espermatozoides** son como unos diminutos renacuajos con una cabeza grande y una cola larga que utilizan para moverse.

Son tan pequeños que solo pueden verse a través de un microscopio.

Los espermatozoides suben por unos tubos **(conductos deferentes)** hasta unas bolsitas llenas de un líquido que les sirve para moverse y mantenerse vivos hasta que salen al exterior nadando en ese líquido que se llama **semen**.

órganos sexuales internos masculinos

vejiga

pene

vesícula seminal

testículo

conducto deferente

escroto

próstata

uretra

glande

prepucio

espermatozoides

11

El cuerpo cambia

El semen es un líquido espeso y blanco. Tanto la orina como el semen salen por el pene, pero nunca a la vez.

—¡A mí solo me sale pis!

El cuerpo de las personas va cambiando según nos hacemos mayores. Sobre todo cambia entre los 11 y los 14 años, cuando se va preparando para la vida adulta.

Este período de la vida se llama **pubertad**: cambian nuestros órganos sexuales y muchas cosas más…

Los niños se hacen más altos, las espaldas se ponen más anchas y el pene crece: se hace más grueso y más largo.

Empiezan a salir más pelos por el cuerpo y sobre todo crece más por encima de los labios, en la barbilla, debajo de los brazos, encima del pene y en las piernas.

en los niños

La voz se vuelve más ronca y a veces, al principio, salen gallitos.

Tanto a los niños como a las niñas les pueden aparecer granos en la cara durante una temporada: es el **acné**.

Los chicos, en esta época, cuando piensan en cosas agradables y excitantes, tienen una **erección**.

13

Tener una erección significa que el pene aumenta de tamaño y se pone más duro durante un rato. Esto ocurre porque llega más sangre al pene.

También pueden tener erecciones en algunos momentos de la noche y al despertarse.

—El otro día, al bebé se le puso el pene gordito cuando le cambiaba mámá.

14

Esto les ocurre tanto a los bebés, como a los niños y a los mayores. Pero en la pubertad sucede con más frecuencia.

Además ocurre algo nuevo: cuando el pene está en erección puede salir semen por él, ese líquido del que hablábamos antes y que transporta los espermatozoides.

La salida del semen por el pene se llama **eyaculación** y, cuando se produce, se siente placer.

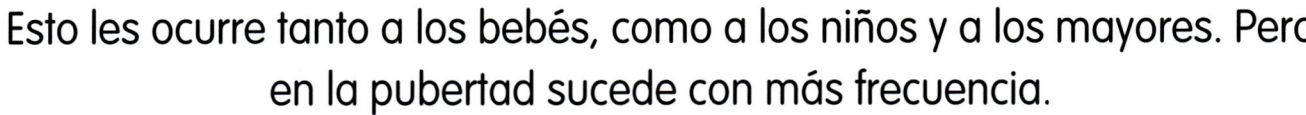

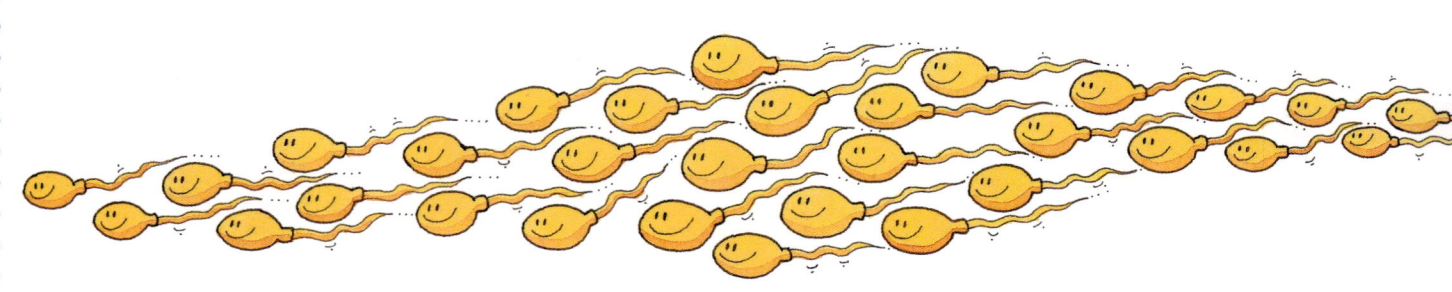

A veces, la primera eyaculación ocurre cuando los niños están durmiendo y se dan cuenta de ella porque manchan el calzoncillo o la sábana.

El cuerpo cambia en las niñas

—¿Y a nosotras qué nos pasa?

15

Las niñas, cuando crecen, tienen cambios en su cuerpo.

Esto no ocurre de la noche a la mañana, sino a lo largo de varios años. Normalmente entre los 10 y los 15.

Poco a poco se les empieza a abultar el pecho. También salen pelos en el **pubis**, entre la vulva y la tripa; y más tarde en las axilas, debajo del brazo.

Después, sus caderas se irán ensanchando y redondeando.

Con más frecuencia que cuando eran pequeñas, las niñas que están en la edad de la pubertad piensan o sueñan en cosas excitantes.

En esos momentos pueden notar sensaciones placenteras e incluso sentir humedad en la vagina.

16

La mayoría de los cambios, como hemos dicho, se producen poco a poco. Sin embargo, hay algo de lo que ya hemos oído hablar y que sí sucede de repente: es la primera **menstruación** de las niñas.

Unas la tienen antes y otras después, porque no hay una edad específica, pero veamos de qué se trata:

Tener la menstruación significa que a la niña le va a salir sangre por la vagina.

Esto no quiere decir que tenga una herida, que algo le duela o que le pase nada malo. ¡Qué va! Lo que sí quiere decir es que a partir de ese día ya es **fértil** y podría tener un bebé.

Para no mancharse durante los cuatro o cinco días en que estará saliendo la sangre poco a poco, las chicas utilizan **compresas** o **tampones**.

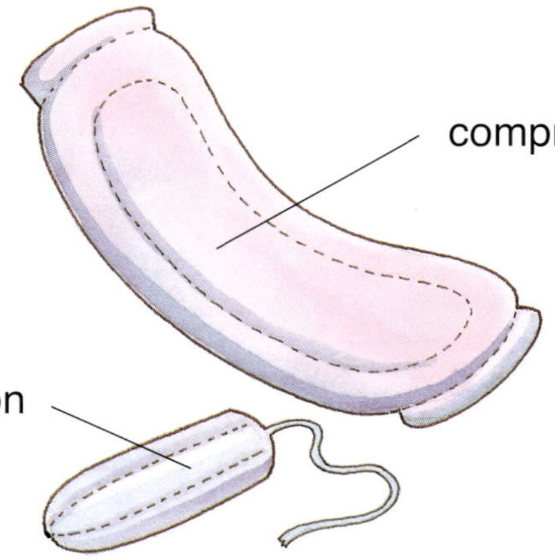

compresa

tampón

Esto se repite todos los meses (una vez al mes), pero si la mujer se queda embarazada ya no tendrá la menstruación hasta después de que haya nacido el bebé.

—¿Y por qué sale la sangre?

La sangre sale porque el cuerpo de la chica empieza a estar preparado para tener bebés.

Todos los meses los ovarios y el útero se preparan para el embarazo. Uno de los óvulos (esos huevecitos que están en el ovario) se hace más grande y sale del ovario; a esto se le llama **ovulación**.

Cuando un hombre eyacula en la vagina de la mujer, puede llegar un espermatozoide hasta el óvulo (que se está desplazando hasta la trompa de Falopio).

ovulación

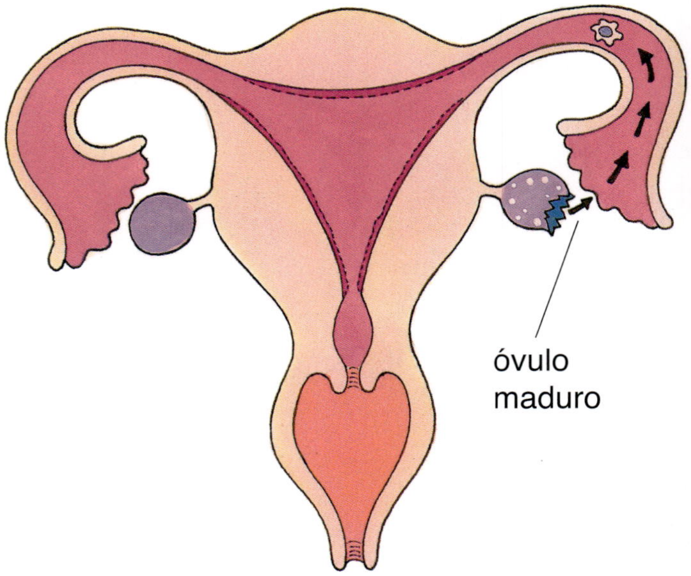

óvulo
maduro

18

embarazo

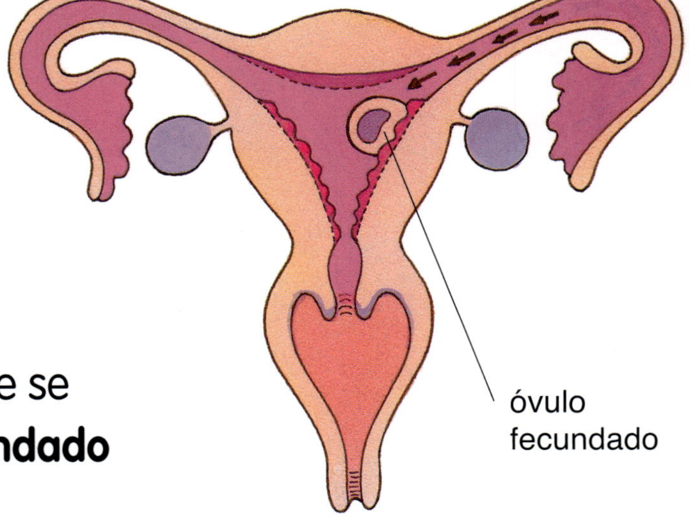

Cuando un óvulo y un espermatozoide se juntan, se dice que el óvulo está **fecundado** y será el principio de un bebé.

óvulo
fecundado

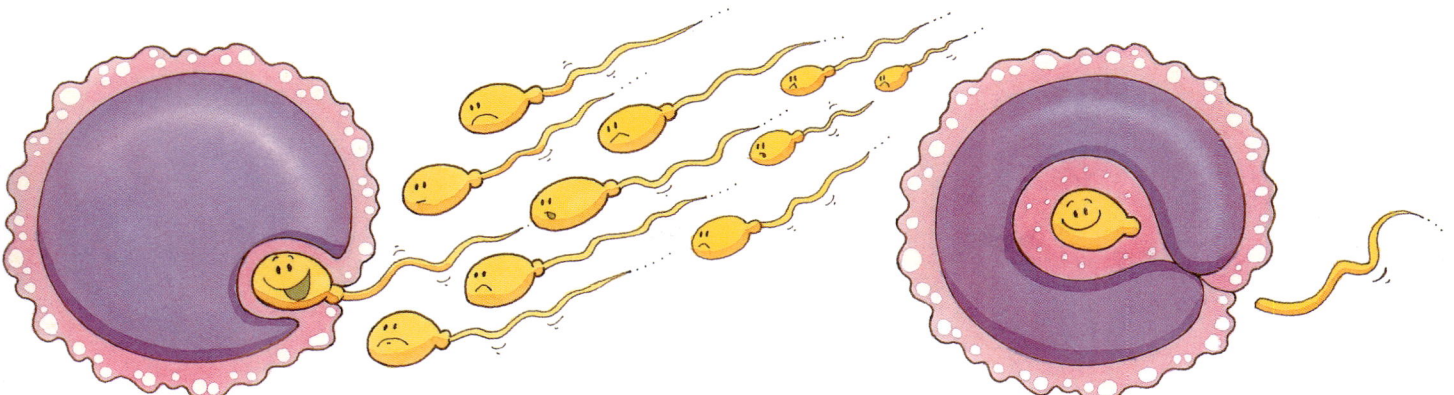

El útero, esa bolsa flexible donde va a vivir el niño o la niña hasta que nazca, también se prepara una vez al mes para recibir a un óvulo fecundado.

Se pone más grueso y esponjoso porque le llega más sangre.

Si el óvulo y el espermatozoide se han encontrado, entonces viajarán al útero y se engancharán a sus paredes, ya preparadas para acogerles.

menstruación

—Sí, pero ¿de dónde sale la sangre?

19

Si el óvulo que se ha desprendido del ovario no se ha juntado con ningún espermatozoide, entonces ese mes ya no será necesario que el útero esté preparado.

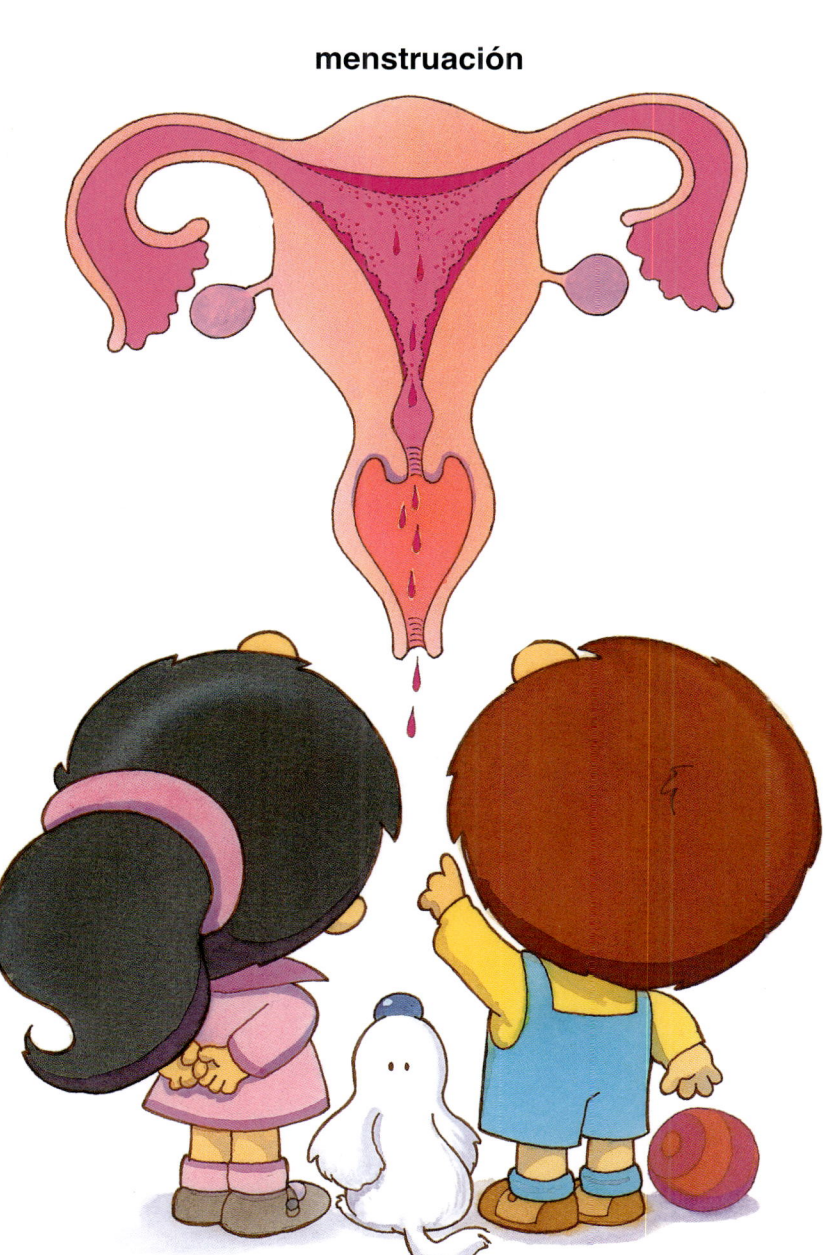

Por eso, cuando el útero note que no va a recibir un óvulo fecundado, se deshinchará expulsando la sangre extra al exterior, a través de la vagina, y provocando lo que se llama menstruación.

La higiene y los cuidados del cuerpo

Para un desarrollo adecuado del cuerpo es necesario cuidarlo mucho: comer de todo, en la cantidad adecuada y hacer deporte.

También hay que ducharse todos los días.

Cuando los niños se lavan, es conveniente que echen hacia atrás el prepucio, de forma suave, para lavarse la cabeza del pene o glande.

Durante la menstruación, se aconseja a las niñas que se laven más a menudo.

¡Ah! Y esos días también pueden seguir haciendo los deportes que practiquen normalmente.

20

...Y otras cosas también cambian

Seguramente te preguntarás por qué hemos estado hablando todo el tiempo de hombres y de mujeres.

En realidad, hablar de mujeres y de hombres es hablar de sexualidad. La sexualidad tiene que ver con el cuerpo y los órganos sexuales, pero también con el **placer**, con la forma de estar cerca de otras personas y con la forma de hablar con ellas y divertirnos.

La sexualidad está presente desde que nacemos.

Si te fijas en un bebé, verás que le gusta mucho que le acaricien, le besen, jueguen con él y le digan palabras cariñosas.
También disfruta chupando el biberón o el pecho de la madre.

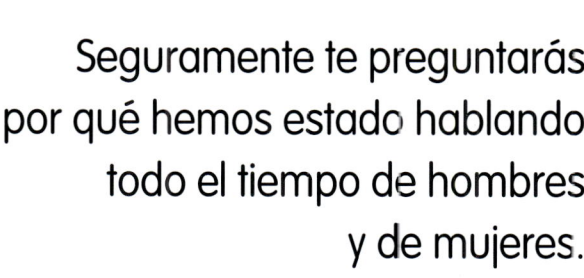

Además, chupar es su forma de reconocer los objetos, y por eso se lo lleva todo la boca.

Los bebés necesitan que alguien esté todo el tiempo cerca de ellos.

Conforme van creciendo, las niñas y los niños pueden hacer más cosas por sí mismos y empiezan a fijarse en cómo son otras personas.

Poco a poco se dan cuenta de que los cuerpos de los hombres y de las mujeres son diferentes, y que también son distintos los de los niños y las niñas.

Cuando los niños y las niñas crecen, les gusta jugar y charlar con los demás y, a veces, mimarse. Además, les gusta tocarse y acariciarse a sí mismos.

Acariciarse los órganos sexuales y otras partes del cuerpo se llama **masturbación**.

Masturbarse es una forma natural de conocer el propio cuerpo, de quererlo y de disfrutar de él y con él.

En la pubertad, la época de los grandes cambios del cuerpo, este vuelve a interesarnos mucho (como nos interesaba cuando éramos bebés).

A veces nos sorprendemos porque nuestro cuerpo se ha transformado antes de lo que esperábamos. Otras veces nos parece que todo el mundo cambia… menos nosotros.

¡No importa! No hay una edad para que se produzcan estos cambios y lo que es seguro es que todos y todas los tendremos, pero cada persona a su manera.

Cuando crecemos, el cuerpo también nos llama la atención de otra forma.

A chicos y chicas les apetece tocarse a sí mismos y reconocer los cambios de su cuerpo.

Además, chicos y chicas encuentran alguna amiga o amigo especial con quien quieren pasar más tiempo y desean estar a solas para acariciarse y estar juntos.

Cuando se es mayor, la gente sigue sintiendo atracción por otras personas. A veces, agrada estar con una persona especial, y quedarse juntos y a solas.

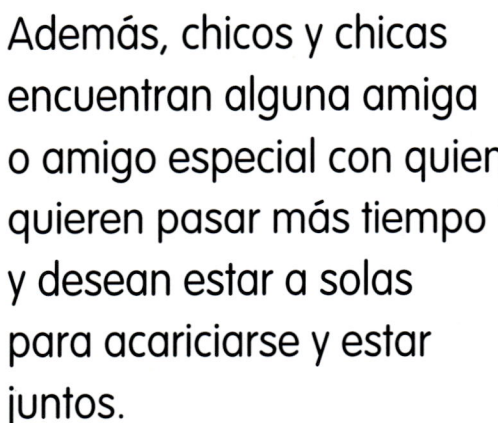

Les gusta estar desnudos, hablar, acariciarse y besarse.

¿Qué hacen papá y mamá?

A los padres

— Cuando un chico y una chica se quieren y se besan mucho, luego la tripa se pone gorda y sale un niño.

(Nacho, 7 años)

—Hacer el amor es de guarras y cochinas que no se lavan.

(Raquel, 8 años)

La sexualidad está presente a lo largo de toda nuestra vida. Desde muy temprano las niñas y los niños se van formando sus propias ideas sobre las diferencias entre los sexos, las relaciones sexuales, el embarazo, etc.

No siempre estas ideas son correctas o les facilitan el desarrollo adecuado.

Se hacen muchas preguntas que necesitan ser respondidas, ya que de lo contrario buscarán las respuestas en fuentes poco apropiadas: amigos y amigas, revistas, películas…

Es responsabilidad de los padres y las madres, no solo de la escuela, educar a sus hijos e hijas acerca de la sexualidad.

y las madres

La educación sexual no es únicamente dar información
sobre los órganos sexuales,
la reproducción o los anticonceptivos,
sino que es hablar también
de comunicación, de
afectividad, de responsabilidad
y de placer.

—¿Por qué están tanto tiempo pegados?

—¿Cómo respiran?

—¡Se van a asfixiar!

Nos gusta

Desde que nacemos y a lo largo de toda nuestra vida, a las personas nos gusta estar juntas. Así podemos hablar, jugar, acariciarnos, reírnos…

Al principio,
esto lo hacemos sobre todo
con nuestros padres y nuestros hermanos.

El bebé aprende muy pronto a confiar de una manera especial en estas personas, sobre todo en su madre y en su padre.

Busca sus caricias, les sonríe mucho y llora si necesita algo o si están mucho tiempo lejos de él.

Es la manera que tienen los bebés de expresarse.

Cuando son algo mayores, a las niñas y a los niños les empiezan a interesar otras personas, además de su familia. Les gusta especialmente estar con otras niñas y niños de su edad, y así poder jugar.

estar cerca

Con el tiempo, se forman pequeños grupos en el colegio o en el barrio.

A veces se tiene una amiga o un amigo preferido. Con ese niño o niña se hacen muchísimas cosas: compartir juegos, hablar de lo que se piensa y se siente, gastar bromas, estudiar, hacer deporte…

Como se les quiere mucho, también se intenta pasar con ellos o ellas los malos ratos cuando lo necesitan.

A todo esto se le llama amistad.

Además de cariño y amistad, entre las personas también puede surgir **atracción sexual**.

Unas veces, nos puede atraer algún amigo o amiga.
Otras, alguien a quien conocemos poco o que solo hayamos visto
en fotografía o por televisión.

Esa persona nos parece
atractiva e interesante. Nos puede
apetecer acercarnos a ella o besarla.

Cuando sentimos atracción sexual,
el cuerpo reacciona de distintas
maneras: hay personas que se ponen
rojas, a otras les late el corazón
muy deprisa y algunas sienten
un cosquilleo alrededor de
los órganos sexuales
o **genitales**.

30

Puede ocurrir que una persona nos guste especialmente y deseemos estar todo el tiempo con ella. Es la más especial entre todas las demás. A eso le llamamos estar **enamorado** o **enamorada**.

En ocasiones, dos personas mayores que se atraen, se tienen mucho cariño o están enamoradas, tienen **relaciones sexuales**, que es lo mismo que **hacer el amor**.

Esto quiere decir que se encuentran a solas para estar muy cerca.

Durante la relación sexual, algunas partes del cuerpo del hombre y de la mujer cambian. El pene del hombre se vuelve más grande y duro; a eso se le llama erección. La vagina de la mujer se humedece y los dos respiran más deprisa y más fuerte.

Se dicen palabras cariñosas, se miman, se acarician y se besan todo el cuerpo. También les puede gustar introducir el pene del hombre en la vagina de la mujer.

A esto último se le llama **coito**, pero no siempre que se hace el amor se realiza el coito.

32

Hay un momento en el que se produce una sensación muy agradable que se llama **orgasmo**. Pueden sentirla tanto el hombre como la mujer.

Cuando el hombre tiene un orgasmo, a la vez eyacula; es decir, expulsa el semen por el pene.

Hacer el amor es algo muy bonito y que produce mucho placer. Sin embargo, es bueno esperar a ser mayor para saber si se desea realmente tener relaciones sexuales y con quién se quiere hacer el amor.

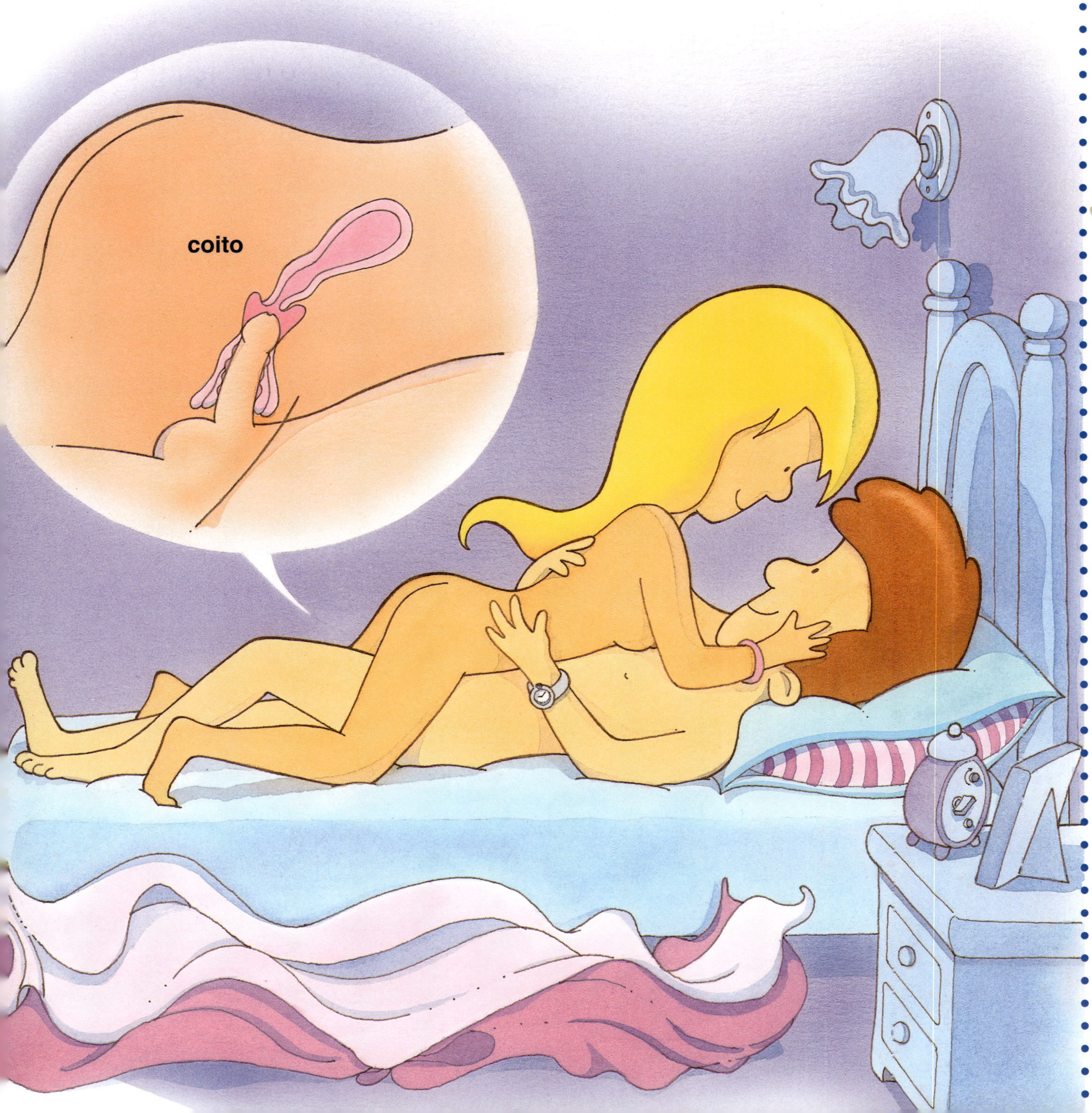

coito

33

— ¿Solo hacen el amor las mujeres con los hombres?

Habitualmente, cuando pensamos en relaciones sexuales, nos imaginamos a un hombre y una mujer, pero a veces no es así.

Algunos hombres prefieren estar con otros hombres y entonces se les llama **homosexuales**. Y a las mujeres que les gusta estar con otras mujeres, **lesbianas**.

Lo verdaderamente importante es que cada persona elija a quien más le guste y respete las preferencias de los demás.

34

¡Queremos un bebé!

—Ahora que sois novios,
¿tendréis un hijo?

Cuando una pareja está enamorada, suele querer vivir en la misma casa para poder verse más a menudo. Así pueden hablar todos los días de lo que les gusta o les preocupa.

Pueden hacer la comida juntos, cuidar a la otra persona si está enferma, o preparar una excursión.

También les gusta dormir en la misma habitación y hacer el amor.

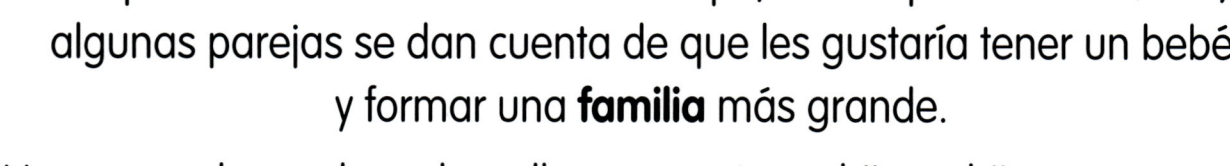

36

Después de vivir así durante un tiempo, si ven que se llevan bien,
algunas parejas se dan cuenta de que les gustaría tener un bebé
y formar una **familia** más grande.

Han pensado mucho sobre ello, porque tener hijos o hijas es una cosa
muy importante.

Ya saben que tendrán tiempo para estar con el bebé y jugar con él.
También saben que podrán darle de comer y vestirle. Y, sobre todo,
tienen muchas ganas de cuidar a su niño o niña, enseñarle a vivir
y a que se haga mayor.

El cuerpo está preparado

—¿Y yo cuándo puedo tener un bebé?

Si queremos tener hijos o hijas, además de haberlo pensado bien, el cuerpo tiene que estar preparado.

Recordemos los cambios del cuerpo del hombre y de la mujer que nos sirven para poder tener bebés:

En la mujer, los cambios más importantes son la ovulación y la menstruación.

órganos sexuales externos femeninos

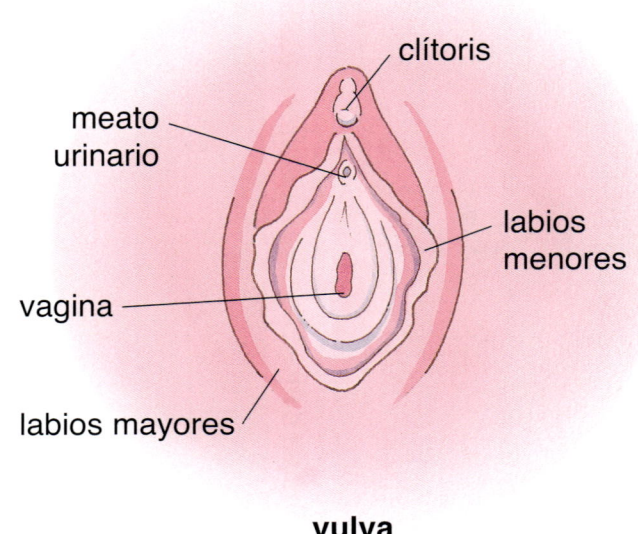

clítoris

meato
urinario

labios
menores

vagina

labios mayores

vulva

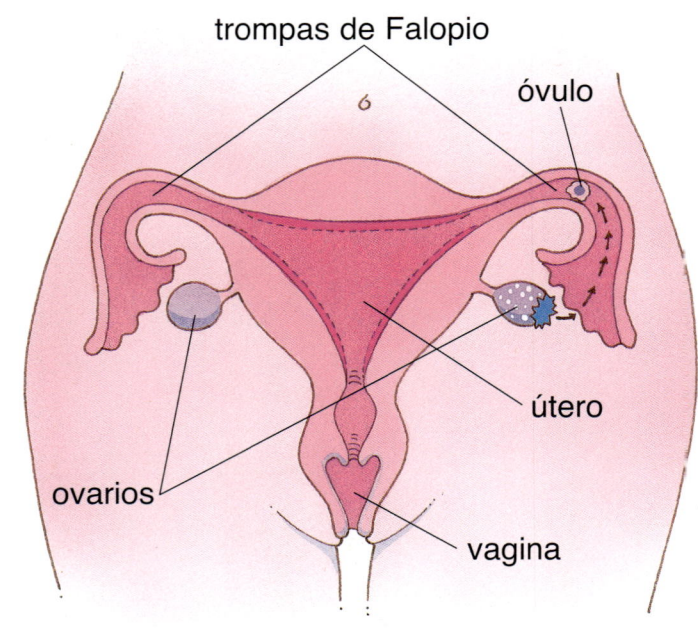

trompas de Falopio

óvulo

útero

ovarios

vagina

ovulación

Cada mes se produce la ovulación:
un óvulo crece, madura y sale del ovario de la mujer hacia las trompas
de Falopio. El óvulo es una especie de célula que, junto con
el espermatozoide, servirá para dar origen al bebé.

Además, el útero (esa bolsa flexible donde va a vivir el niño o la niña
hasta que nazca) se prepara para recibir el óvulo fecundado. Se hace
más grueso y esponjoso porque le llega más sangre.

Si el óvulo no se ha juntado con ningún espermatozoide,
el útero se deshincha ese mes y la sangre
sale por la vagina.

A esto le llamamos menstruación.

menstruación

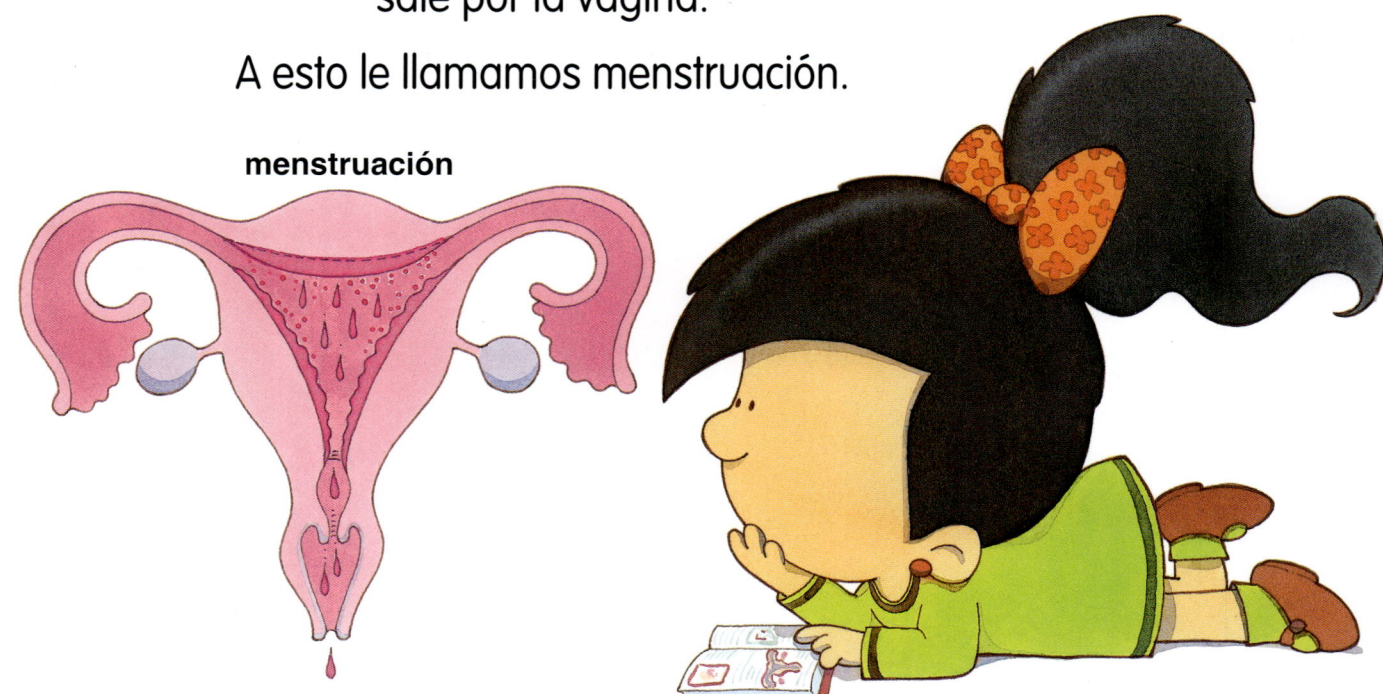

38

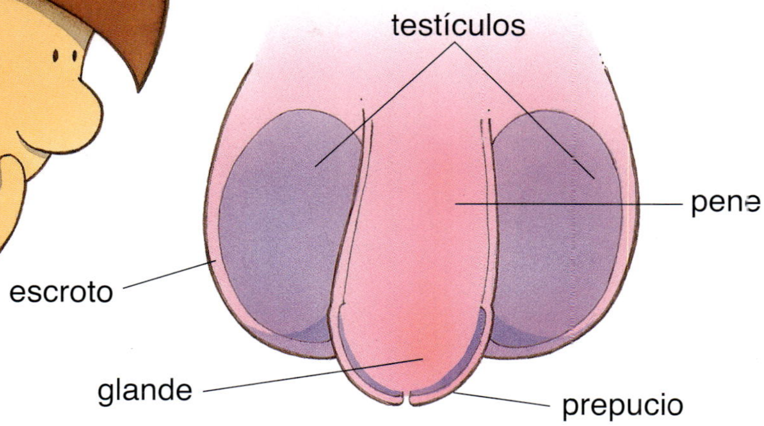

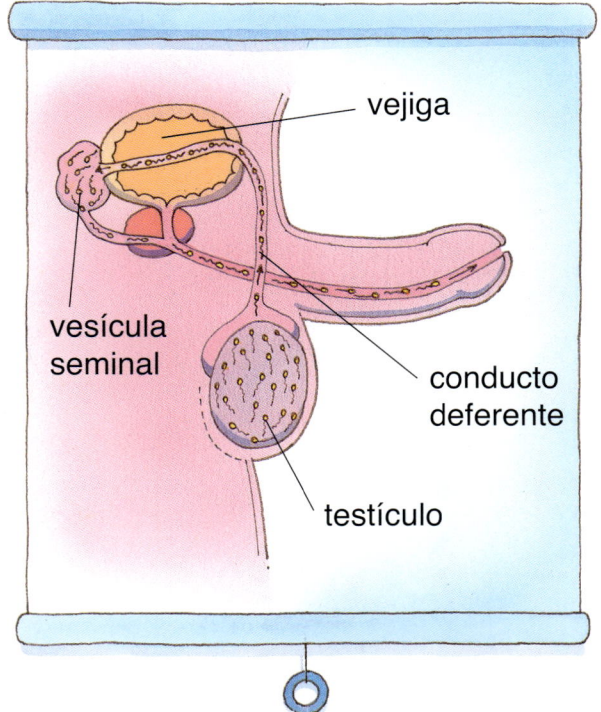

órganos sexuales externos masculinos

testículos

pene

escroto

glande

prepucio

También en el cuerpo de los chicos hay cambios que les van a permitir tener hijos cuando sean mayores.

Uno de los cambios más importantes es que los testículos empiezan a producir espermatozoides. Cuando se produce la eyaculación, estos salen al exterior en un líquido llamado semen.

vejiga

vesícula seminal

conducto deferente

testículo

recorrido de los espermatozoides en los órganos masculinos

Cuando

—¿Cómo se ha metido ese bebé en la tripa de la mamá?

Para poder tener un hijo o una hija es necesario que la pareja realice el coito. Así, cuando se introduce el pene del hombre en la vagina de la mujer, los espermatozides que van en el semen del hombre pueden llegar hasta el óvulo para fecundarlo.

eyaculación

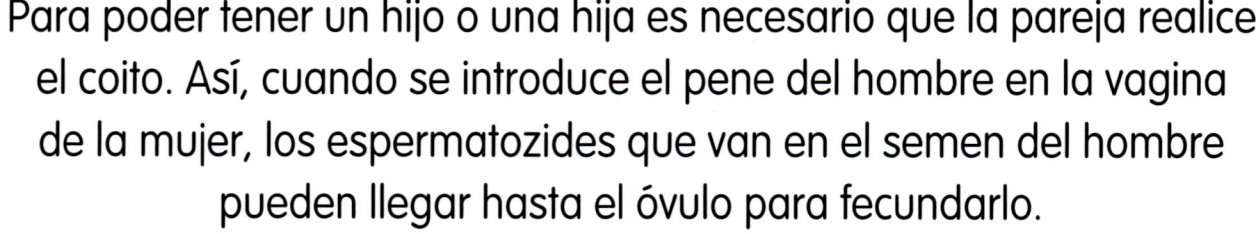

Al producirse la eyaculación, los espermatozoides se mueven rápido por la vagina de la mujer hacia las trompas de Falopio, donde algunos días al mes el óvulo está preparado.

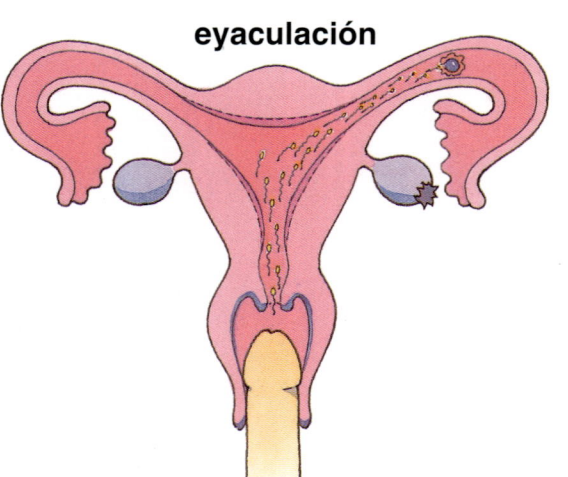

dos se juntan

—¿Cómo son los espermatozoides?

espermatozoide

cola

cabeza

Los espermatozoides son muy pequeños
y se mueven impulsados por su cola, como hacen los renacuajos.

En el semen hay millones de espermatozoides, pero solo uno entrará
en el óvulo y se mezclará con él hasta formar una única **célula**.
Esto se llama fecundación.

fecundación

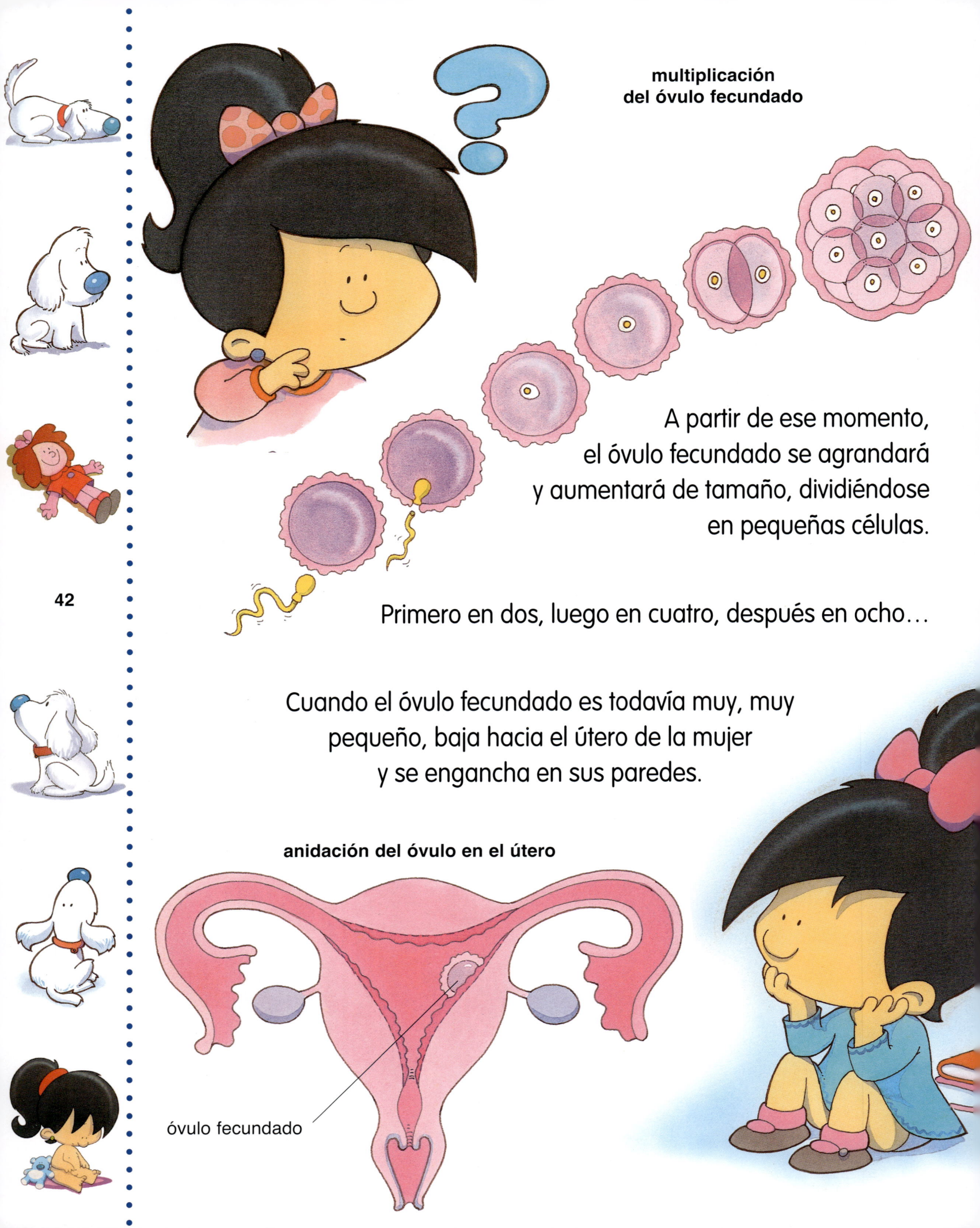

**multiplicación
del óvulo fecundado**

A partir de ese momento,
el óvulo fecundado se agrandará
y aumentará de tamaño, dividiéndose
en pequeñas células.

Primero en dos, luego en cuatro, después en ocho…

Cuando el óvulo fecundado es todavía muy, muy
pequeño, baja hacia el útero de la mujer
y se engancha en sus paredes.

anidación del óvulo en el útero

óvulo fecundado

42

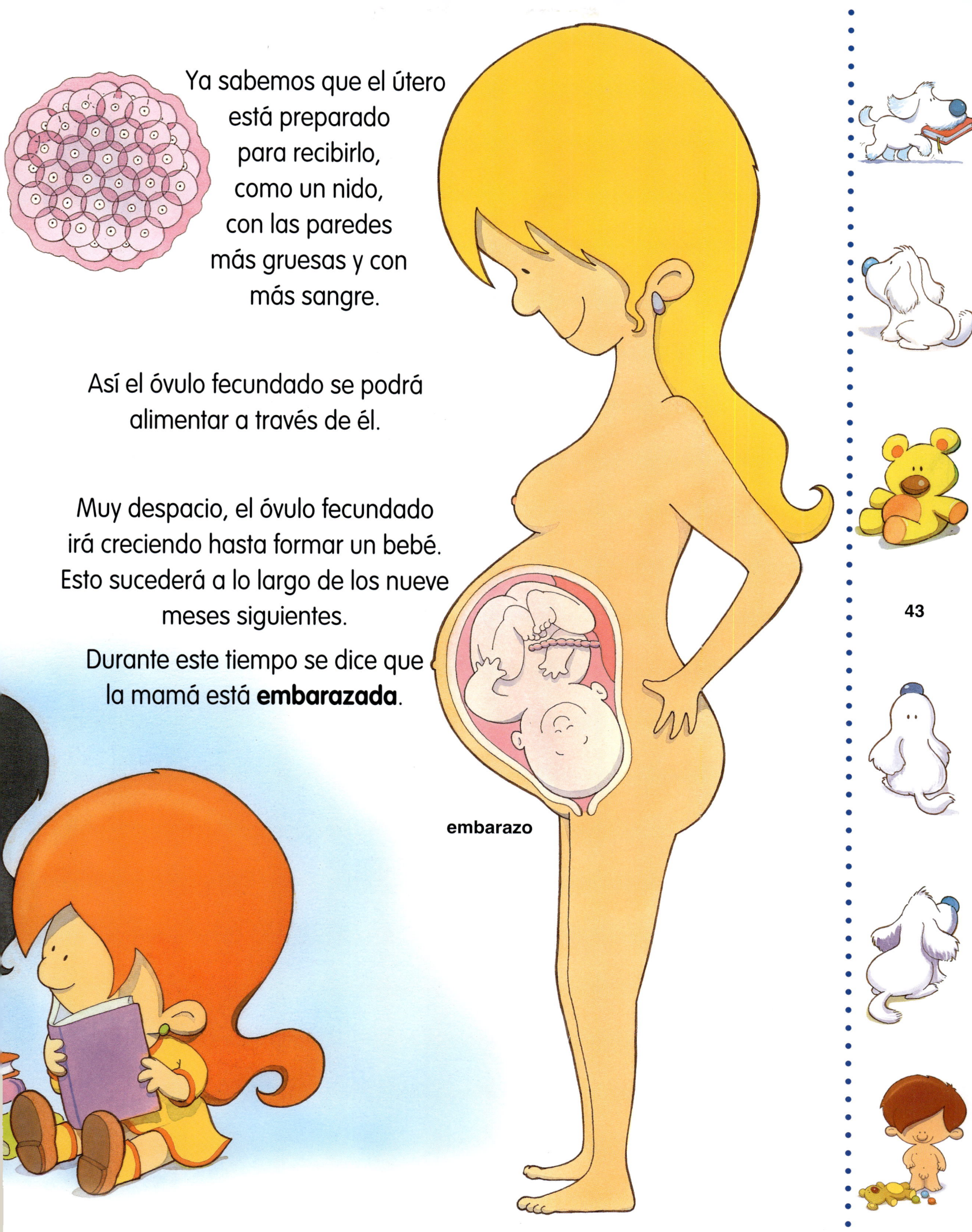

Ya sabemos que el útero está preparado para recibirlo, como un nido, con las paredes más gruesas y con más sangre.

Así el óvulo fecundado se podrá alimentar a través de él.

Muy despacio, el óvulo fecundado irá creciendo hasta formar un bebé. Esto sucederá a lo largo de los nueve meses siguientes.

Durante este tiempo se dice que la mamá está **embarazada**.

embarazo

43

Decidimos

—¿Cada vez que se hace el coito viene un bebé?

—¿Entonces papá y mamá solo lo han hecho tres veces?

No. No siempre que se hace el coito va a venir después un bebé. Depende de varias cosas; vamos a verlas:

La mujer no se quedará embarazada si el día que realiza el coito el óvulo no está preparado en la trompa de Falopio.

Tampoco habrá embarazo si la pareja usa **anticonceptivos**.

esperar

—¿Anti... qué?

Los llamados métodos anticonceptivos sirven para impedir que se produzca la fecundación.

Hay varios, pero vamos a hablar de los dos que más se usan.

Uno de ellos consiste en que la mujer tome **píldoras** anticonceptivas. Estas pastillas sirven para que no madure el óvulo dentro del ovario y no salga de este para encontrarse con los espermatozoides.

El otro método anticonceptivo más utilizado es el **preservativo**. Seguramente ya habrás oído este nombre.

El preservativo es una funda de goma que se coloca en el pene cuando está en erección.

Así, cuando el hombre eyacula, el semen se queda en la funda de goma y los espermatozoides y el óvulo no pueden juntarse.

el preservativo

preservativo colocado en torno al pene

preservativo embalado

El preservativo también sirve para evitar que la gente se contagie algunas **enfermedades** que pueden transmitirse durante las relaciones sexuales.

Una de ellas es el **SIDA**, de la que también habrás oído hablar.

¿Y de dónde sale este bebé?

A los padres

¿Supiste contestar a tu hijo o hija cuando te preguntó por qué algunos gemelos se parecen tanto y otros no?

¿Fuiste claro cuando te preguntó de dónde salían los niños?

La pregunta sobre el origen de los bebés necesita contestaciones claras y auténticas. Cuando a los niños y a las niñas no se les responde, sacan sus propias conclusiones, que no siempre son las más adecuadas ni las que más facilitan su desarrollo afectivo y sexual.

Educar no solo supone describir los aspectos fisiológicos y anatómicos de la reproducción. También hace falta hablarles del amor, la amistad, el placer, la responsabilidad…

Las madres y los padres queremos que nuestras hijas e hijos crezcan felices y saludables.

48

y las madres

Sobre todo en la adolescencia nos preocupa que desarrollen una sexualidad sana y responsable, y que no se produzcan embarazos que puedan trastocar sus vidas.

Para ello es necesario abordar estos temas desde que son pequeños. Cuando un niño o una niña hace una pregunta significa que está preparado para oír la respuesta correcta.

Además de la información que le demos, es muy importante nuestra actitud. Es necesario que sea lo más natural y receptiva posible, para favorecer el diálogo y la confianza.

Uno más uno,

Habrás visto alguna vez a una señora con la tripa muy, muy gorda
y al poco tiempo la habrás visto delgada y paseando un bebé.
Entonces te habrás preguntado:

—¿De dónde ha salido?

Cuando una pareja se quiere, a veces decide aumentar la familia.
Quiere tener una hija o un hijo para cuidarlo y que se haga mayor.

—Sí, sí, ¿pero cómo empieza todo?

Los bebés se van formando en el vientre de la madre y para eso
es necesario que se una el óvulo de la mujer con el espermatozoide

es otro

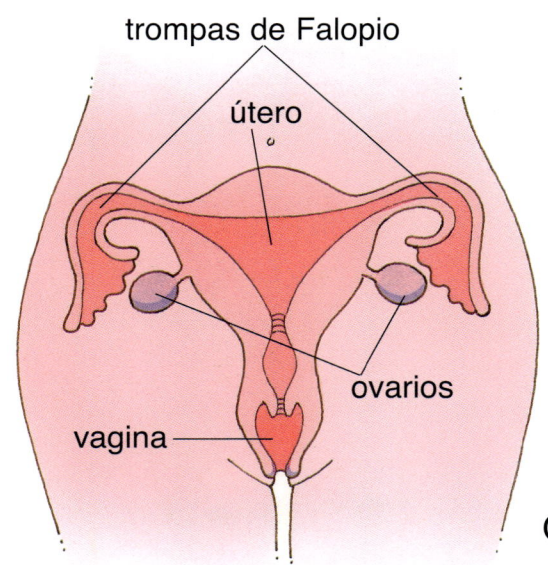

trompas de Falopio

útero

ovarios

vagina

órganos sexuales femeninos

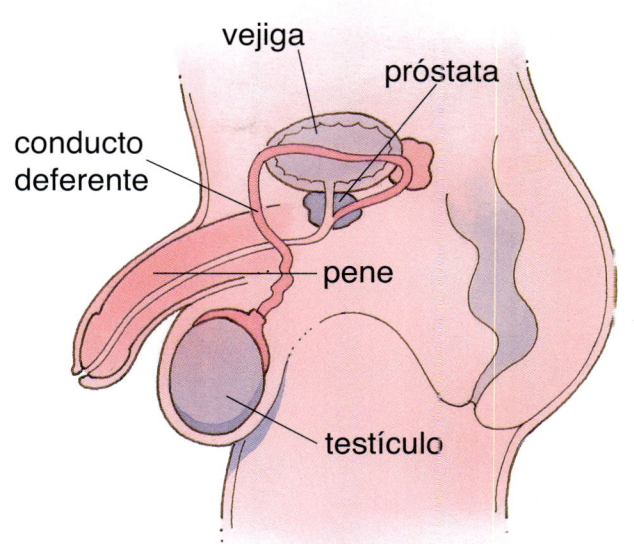

vejiga

próstata

conducto deferente

pene

testículo

órganos sexuales masculinos

del hombre. El óvulo y el espermatozoide son las **células reproductoras**. Los óvulos se desarrollan en el ovario de las mujeres y los espermatozoides en los testículos de los hombres.

La cabeza de los espermatozoides contiene una parte de las instrucciones necesarias para formar una nueva persona. La otra parte de la información está en el óvulo de la mujer. Unidas, determinan algunas características de la persona: el color del pelo, la forma de la nariz, si va a ser niño o niña, etc.

—¿Y cómo se unen?

Es necesario que un hombre y una mujer realicen el coito. Es decir, hace falta que el pene del hombre se introduzca en la vagina de la mujer y que él eyacule.

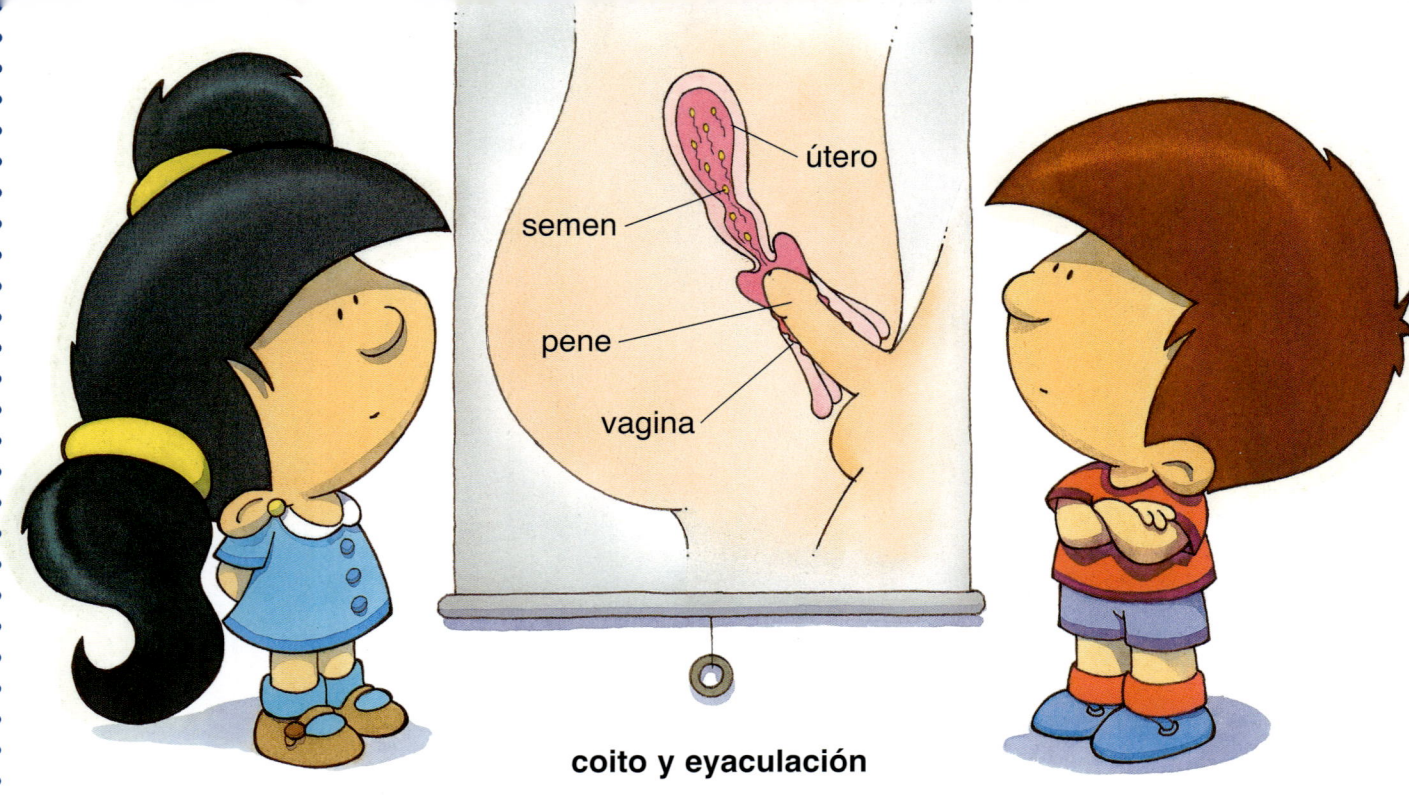

semen

útero

pene

vagina

coito y eyaculación

Como ya vimos, la eyaculación es la salida del líquido llamado semen por el pene del hombre. En el semen viajan millones de espermatozoides.

Cuando se produce la eyaculación en la vagina de la mujer, los espermatozoides suben rápido por el útero hacia las trompas de Falopio, donde se encuentran esperando los óvulos liberados por los ovarios.

Solo un espermatozoide podrá entrar en el óvulo para formar una sola célula.

A eso se le llama fecundación.

óvulo

trompa de Falopio

ovario

espermatozoides

fecundación

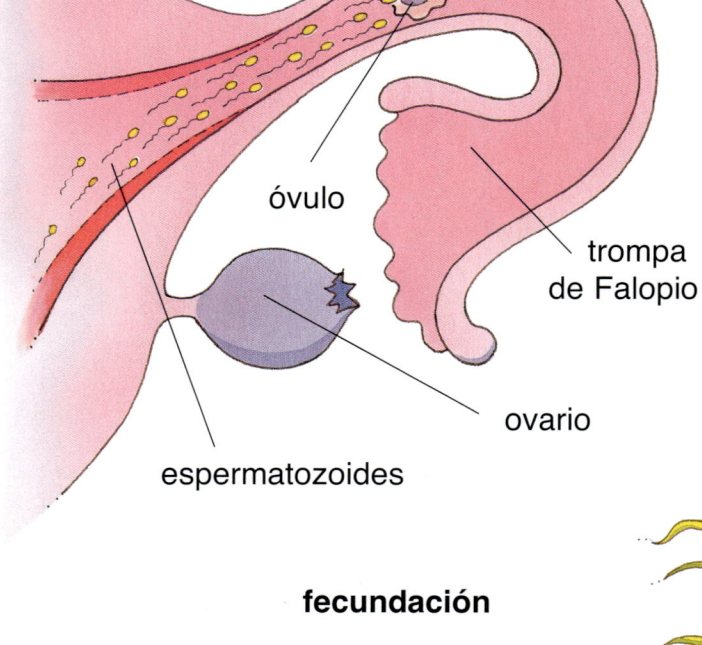

espermatozoides

óvulo

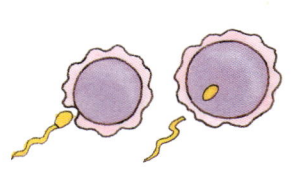 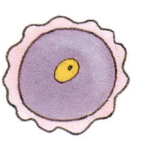 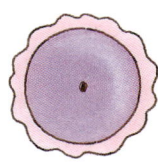 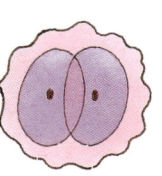 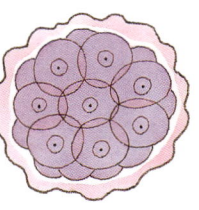 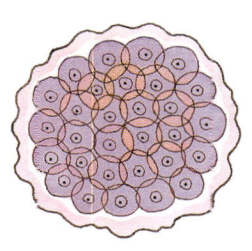

Una vez que se ha producido la fecundación, la célula se divide en dos; cada una de estas se dividirá a su vez y se irá haciendo un grupito cada vez mayor de células. Primero dos, luego cuatro, después ocho…

53

—Pues Marta y María dicen que nacieron a la vez.

Puede suceder que en vez de un bebé nazcan dos o más, y a veces resultan muy parecidos. Dos **hermanos** o **hermanas** pueden nacer en un mismo momento –es decir, de un mismo embarazo– debido a dos motivos.

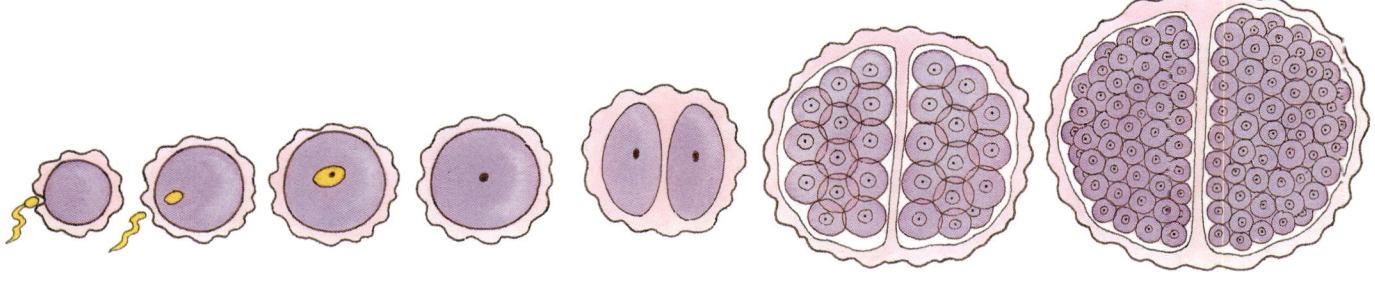

**gemelos idénticos
de un solo óvulo**

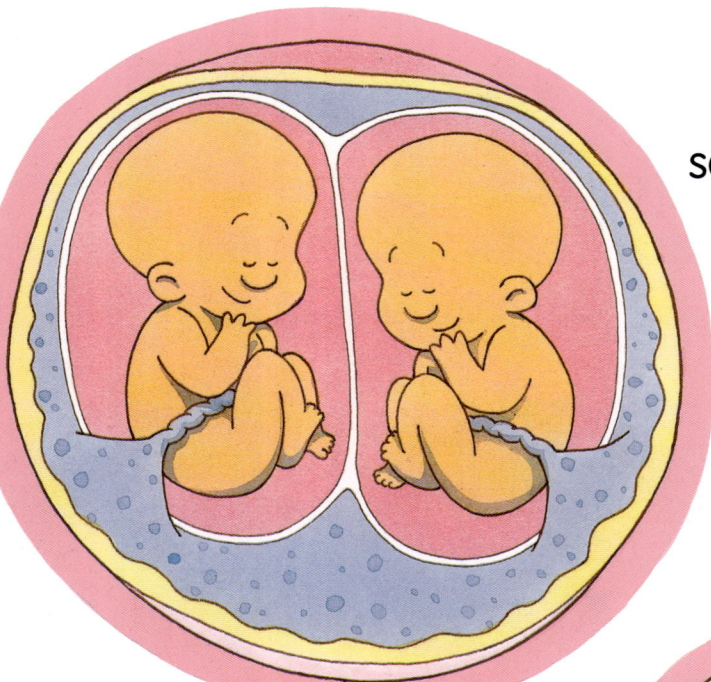

Si al producirse la fecundación, las células tras la primera división son muy grandes entonces nacerán dos bebés exactamente iguales.

Son los **gemelos**.

**mellizos
de dos óvulos**

Otras veces, por casualidad, se encuentran dos óvulos en las trompas de Falopio, y si los dos son fecundados por dos espermatozoides diferentes, podrán dar origen a dos bebés. A los hermanos así formados se les llama **mellizos**.

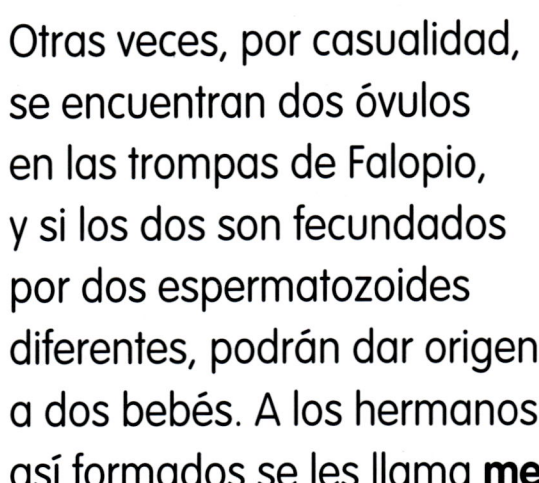

Como vienen de dos espermatozoides y dos óvulos distintos no serán tan parecidos como los gemelos.

Sin embargo, aunque pueden nacer mellizos o gemelos, lo habitual es que nazca únicamente un bebé.

También puede ocurrir que una pareja que quiere tener hijos no consiga un embarazo. Esto puede deberse a que los espermatozoides no lleguen hasta el óvulo o a otro tipo de impedimentos que dificulten la fecundación.

Para salvar estos obstáculos se introduce el semen del padre en una especie de tubo muy estrecho que se hace llegar hasta la parte superior del útero de la madre.

En otras ocasiones, el óvulo y el espermatozoide se unen fuera del cuerpo de la mamá, después se introduce el óvulo fecundado en el útero materno y el embarazo transcurre de forma natural.

A estas ayudas se les llama técnicas de **fecundación asistida**.

55

También se puede ser papá o mamá si la pareja decide acoger en casa a un niño o a una niña que necesita una familia. Esto se llama **adopción**.

Creciendo

—¿Y de dos células enanas sale un bebé?

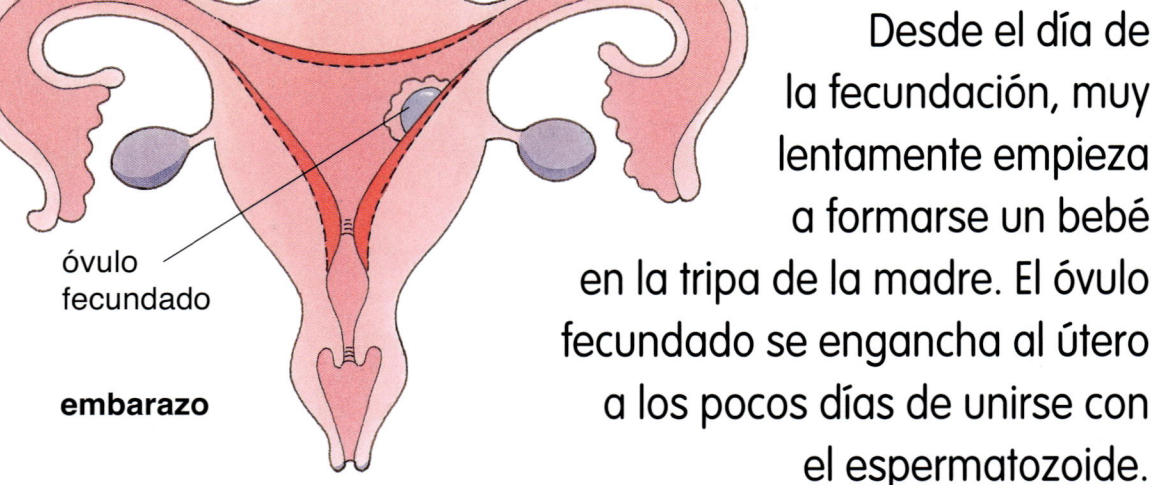

óvulo
fecundado

embarazo

Desde el día de la fecundación, muy lentamente empieza a formarse un bebé en la tripa de la madre. El óvulo fecundado se engancha al útero a los pocos días de unirse con el espermatozoide.

A partir de ese momento y hasta los dos o tres meses siguientes, al óvulo fecundado se le llama **embrión**.

Al principio el embrión es tan pequeño como un grano de arroz, pero al final de los dos meses el embrión tendrá, aproximadamente, tres centímetros. En este tiempo se forma la **placenta**.

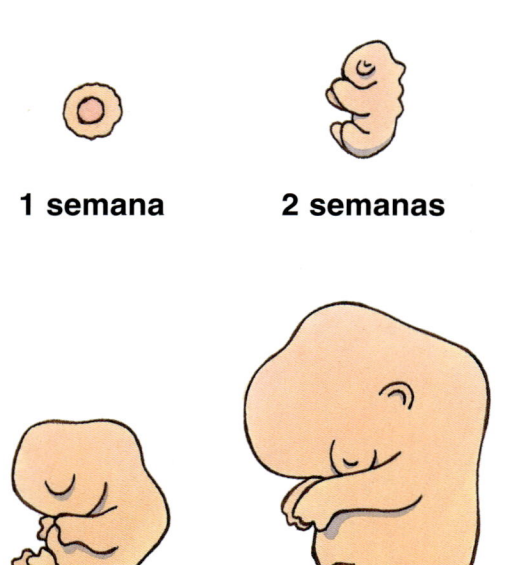

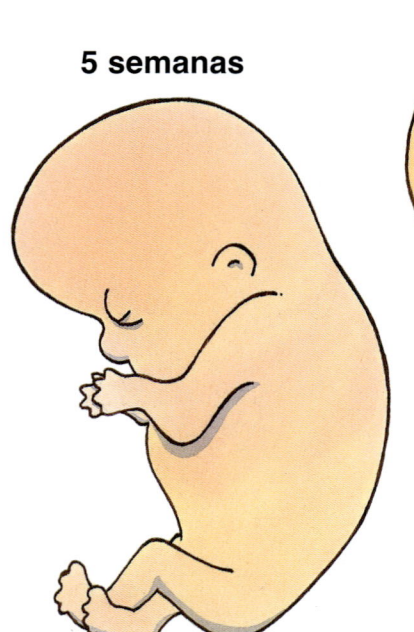

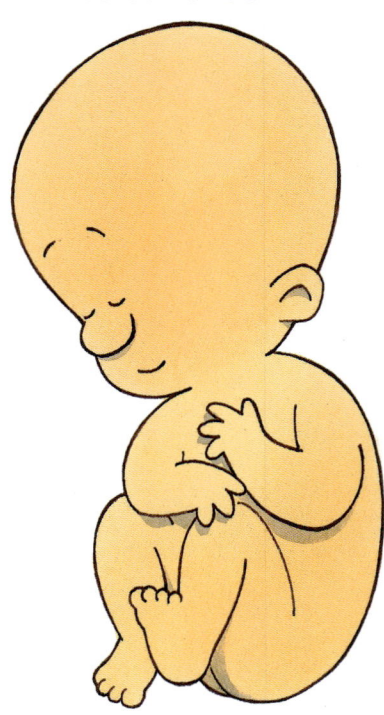

36 semanas

5 semanas

1 semana

2 semanas

3 semanas

4 semanas

para nacer

La placenta es un órgano que comunica al embrión con la madre a través del **cordón umbilical**.

La placenta sirve para dejar pasar alimento al embrión y expulsar los desechos.

También ayuda a proteger al embrión, evitando que pasen algunas enfermedades que podrían perjudicarle.

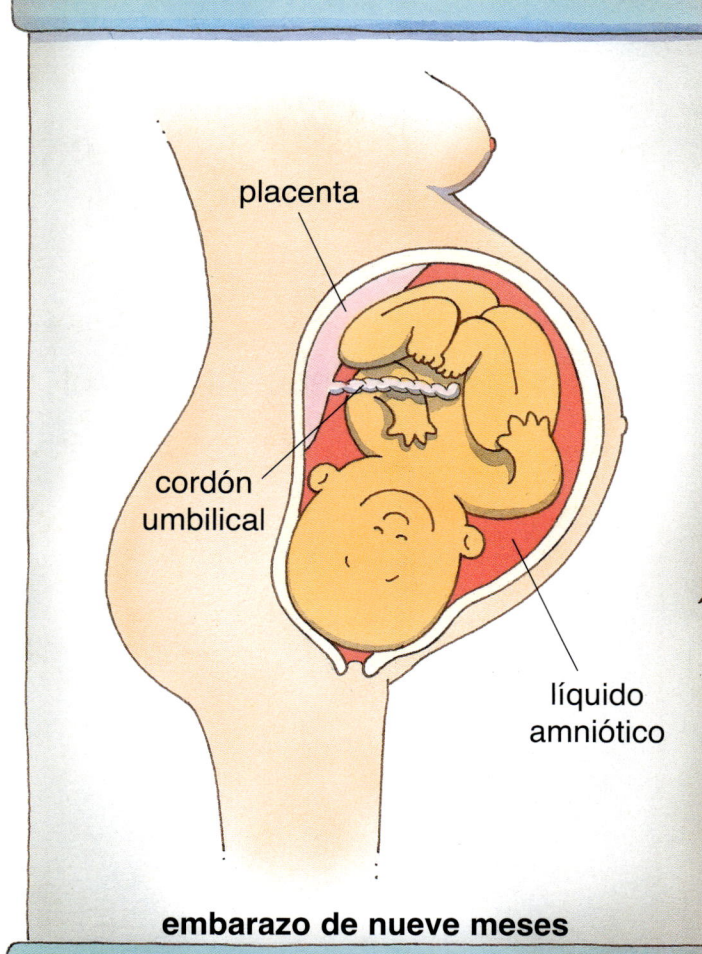

placenta

cordón umbilical

líquido amniótico

embarazo de nueve meses

Durante estos dos primeros meses se va a ir formando la cabeza, que en proporción al cuerpo es todavía muy grande. Se empiezan a desarrollar los brazos y las piernas, que son muy, muy pequeños.

También aparecen el corazón, la espalda, los ojos, la boca y los oídos.

A partir de los tres o cuatro meses, y hasta que nazca, el embrión se llama **feto** y ya se parece a un bebé.

En los meses siguientes, el feto va aumentando de tamaño y se van formando otros rasgos. Aparecen las uñas, crece el pelo y se diferencian también los órganos sexuales.

A partir del quinto mes de embarazo, de pronto, cuando la madre o el padre ponen la mano en la tripa pueden sentir cómo su bebé se mueve. Es un momento muy emocionante porque, aunque está en su tripa, nunca le habían sentido antes tan claramente.

Asimismo, el bebé también empieza a oír las voces de sus padres y otros sonidos del exterior.

Diferentes etapas de desarrollo del embrión y el feto en el vientre de la madre

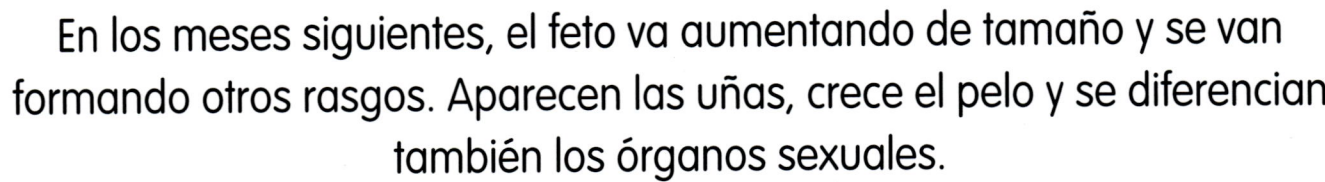

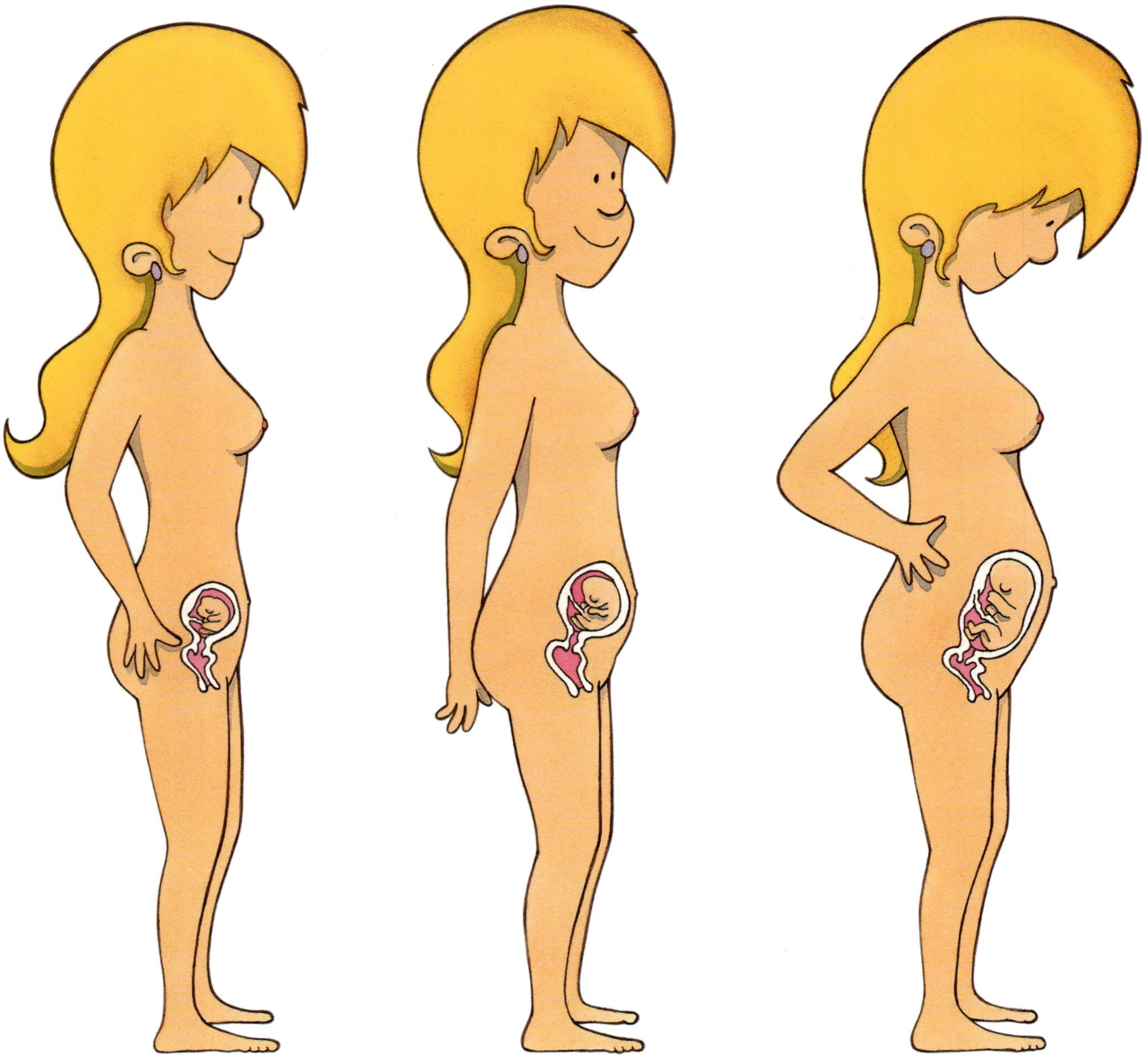

El feto está protegido dentro del útero por una especie de bolsa que le rodea llena de líquido; es el **líquido amniótico**. Así, si la madre se da un pequeño golpe en la tripa, el feto no se daña.

En el último mes de **embarazo**, que es el noveno, el bebé está completamente formado y preparado para nacer.

Normalmente suele colocarse cabeza abajo.

—¿Como si estuviera haciendo el pino?

Exacto: con la cabeza en dirección hacia la vagina para que en el momento del parto pueda salir mejor al exterior.

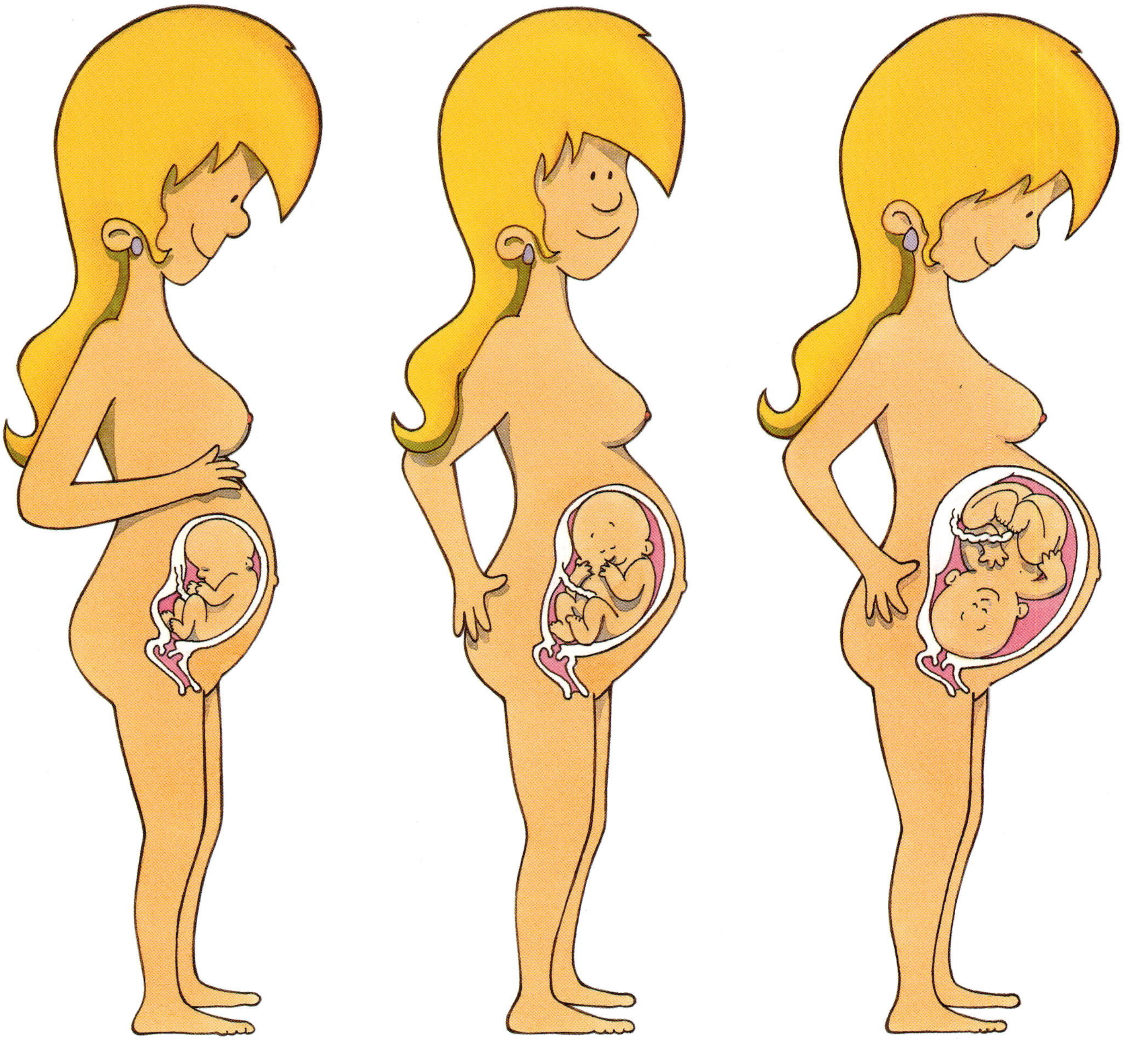

59

Mamá está

—¿Y cómo sabe ella que el niño está dentro?

Ya hemos visto que, aunque haga el amor con su pareja y realice el coito, no siempre va a venir un bebé.

La primera sospecha de que está embarazada ocurre cuando, durante el mes, la mujer no tiene la menstruación.

Como quiere estar segura, va a la consulta médica a que le hagan un **análisis** de orina con el que le podrán confirmar si está embarazada.

esperando

Ese día se lleva una gran alegría. Sabe que si todo va bien, alrededor de nueve meses después nacerá su hijo o hija.

Se cuida a sí misma más, para que su futuro bebé pueda nacer sin problemas. Dejará de tomar algunas medicinas que perjudicarían al embrión o al feto.

Si fuma, deberá dejar de hacerlo, porque no es bueno para ella y aún es mucho peor para el hijo o hija que lleva en su interior.

Su alimentación será buena y variada. También le viene bien hacer ejercicio suave para estar en forma, como por ejemplo ir a nadar a la piscina.

61

El cuerpo de la futura madre irá cambiando.

Su tripa se irá poniendo más grande y necesitará ropa especial en los últimos meses. También sus pechos se harán más voluminosos y se prepararán para **amamantar** a su bebé cuando nazca.

ecografía

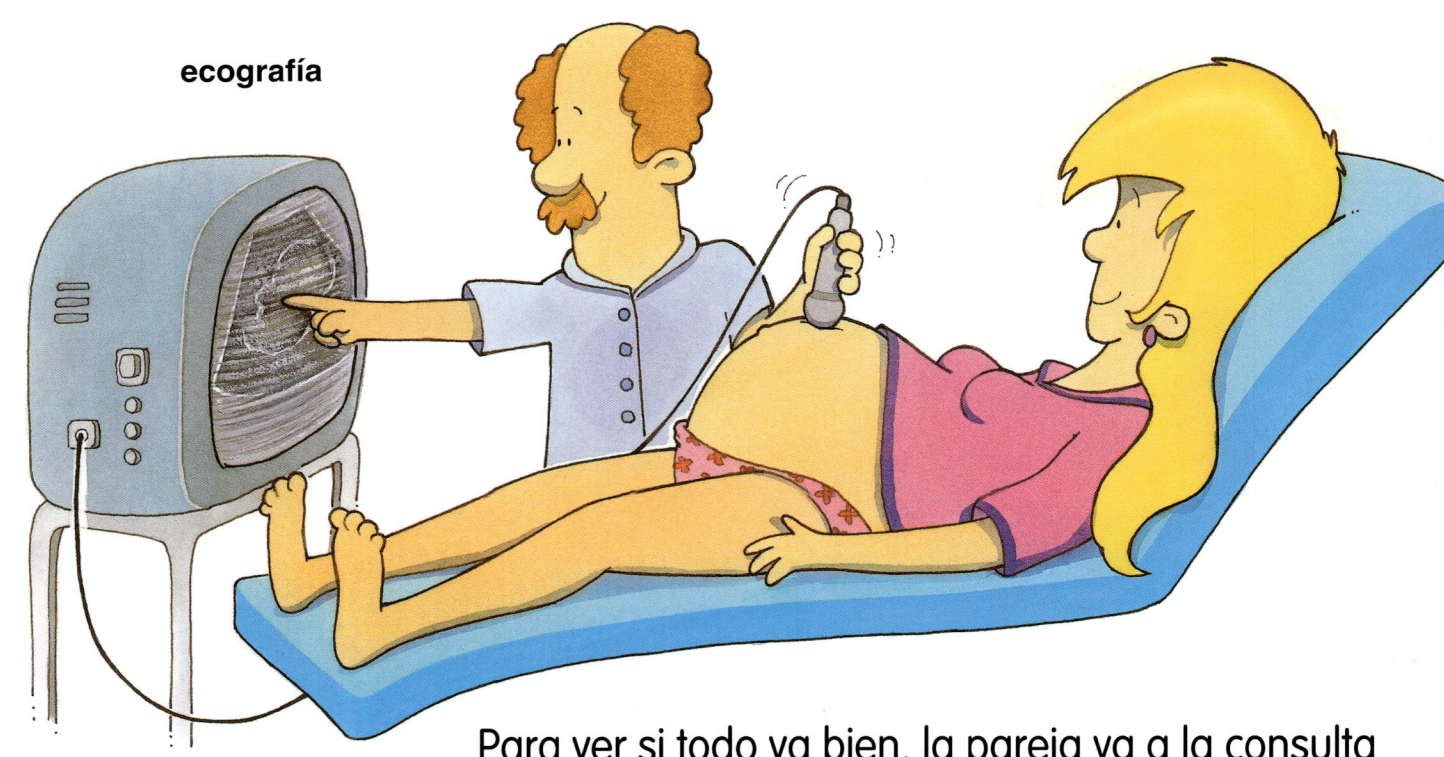

Para ver si todo va bien, la pareja va a la consulta médica a menudo. Allí suelen hacer una **ecografía** a la madre.

La ecografía sirve para ver al feto en una especie de televisión.

En ese monitor se puede comprobar el tamaño del feto, cómo late su corazón o, cuando está más crecido, si es niño o niña.

La pareja hace partícipes a sus amigos y familiares de la noticia del embarazo. Piensan cómo llamar al bebé cuando nazca, preparan su ropita y todo lo necesario para cuando llegue.

Durante todo este tiempo la pareja está muy ilusionada y se pregunta si sabrán cuidar bien al bebé o no. Por eso les gusta hablar con las abuelas para que les cuenten cómo cuidaban ellas a sus bebés.

También pueden ir a unas clases donde unas personas especializadas les enseñarán a la madre y al padre cómo comportarse en el momento del nacimiento del bebé.

Asimismo les explicarán la forma de bañarle, cambiarle los pañales y cómo darle de mamar, o el momento más conveniente para alimentarle con biberón o papillas.

63

Igualmente aprenden lo importante que es jugar con el bebé y mostrarle mucho cariño.

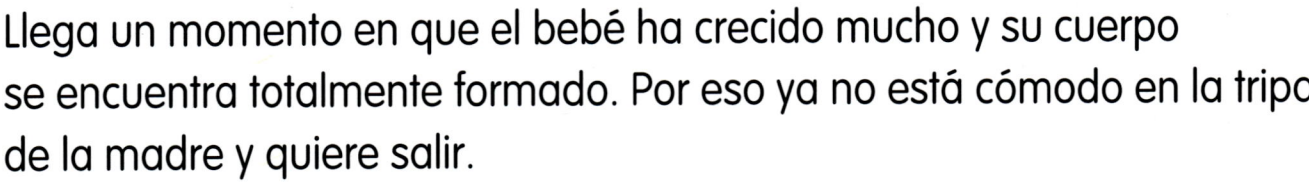

—¿Y no se aburre ahí dentro?

Llega un momento en que el bebé ha crecido mucho y su cuerpo se encuentra totalmente formado. Por eso ya no está cómodo en la tripa de la madre y quiere salir.

El tiempo que transcurre desde que se prepara el cuerpo de la madre para dejar salir al bebé hasta el momento del nacimiento se llama **parto**. La madre comienza a notar unos dolores que se repiten: son las **contracciones**. Entonces se marcha al hospital para que la atiendan.

Las contracciones hacen que la vagina se ensanche y que el útero empuje al niño hacia fuera, abriéndose camino hacia el exterior.

64

Poco a poco empieza a salir el niño o la niña; primero la cabeza, luego los hombros y finalmente el resto del cuerpo. Una vez que el bebé está fuera del cuerpo de la madre comienza a llorar y a gritar para poder respirar.

A continuación se corta el cordón umbilical que une al bebé con la placenta, sin ningún dolor para la madre o el bebé.

A veces, el bebé no está colocado con la cabeza hacia abajo, sino que se encuentra como sentado o atravesado y no puede salir.

llegado!

Entonces se hace una **cesárea**.

Esto quiere decir que se hace un corte a la madre en el vientre para sacar al niño o la niña.

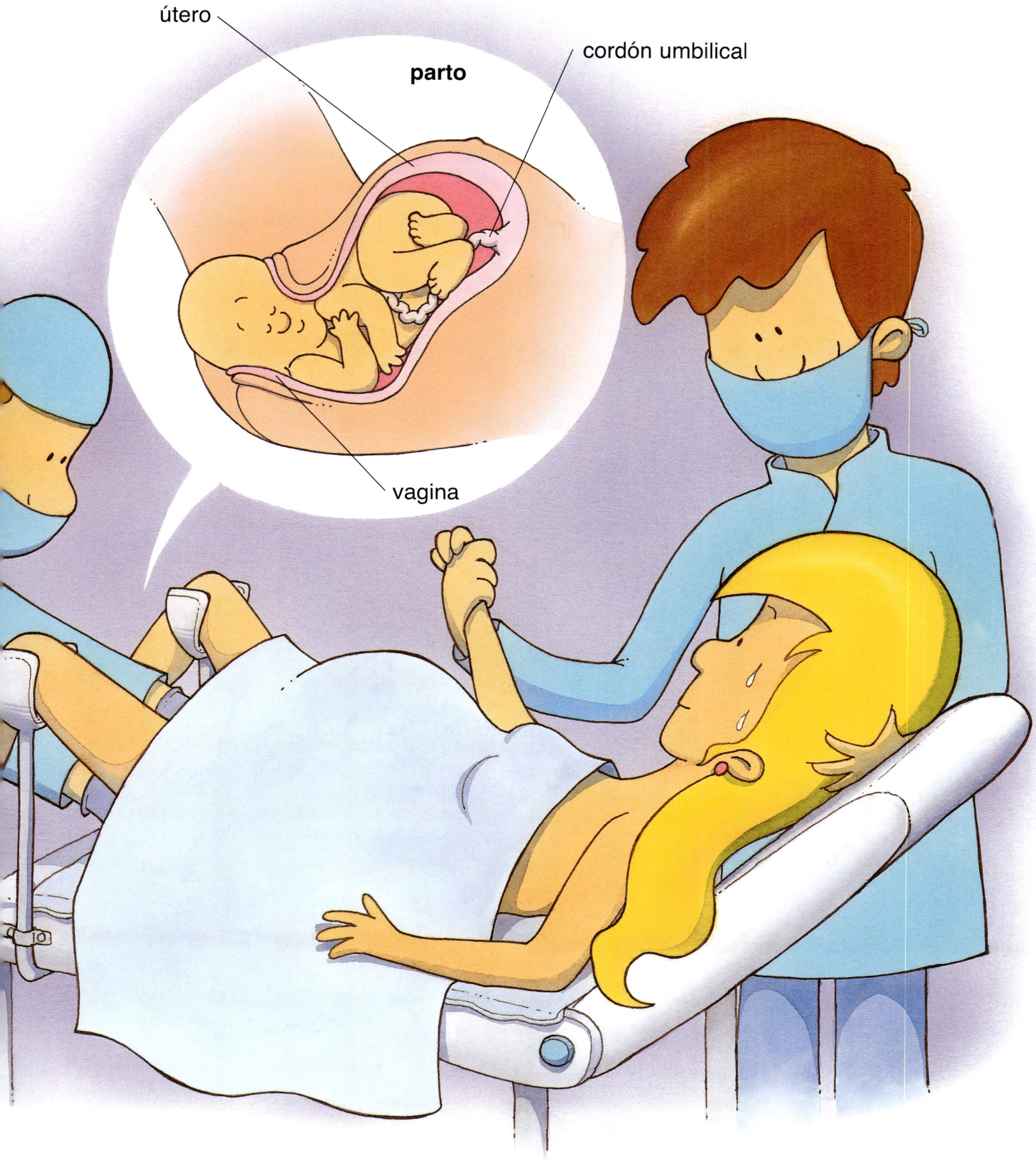

útero

parto

cordón umbilical

vagina

65

Una vez que el bebé ha nacido, a la madre le gusta que le coloquen encima a su hija o hijo para acariciarle y darle calor y afecto.

Es la primera vez que la madre ve a su bebé. Aunque está muy cansada, se siente muy feliz. ¡Por fin ha llegado!

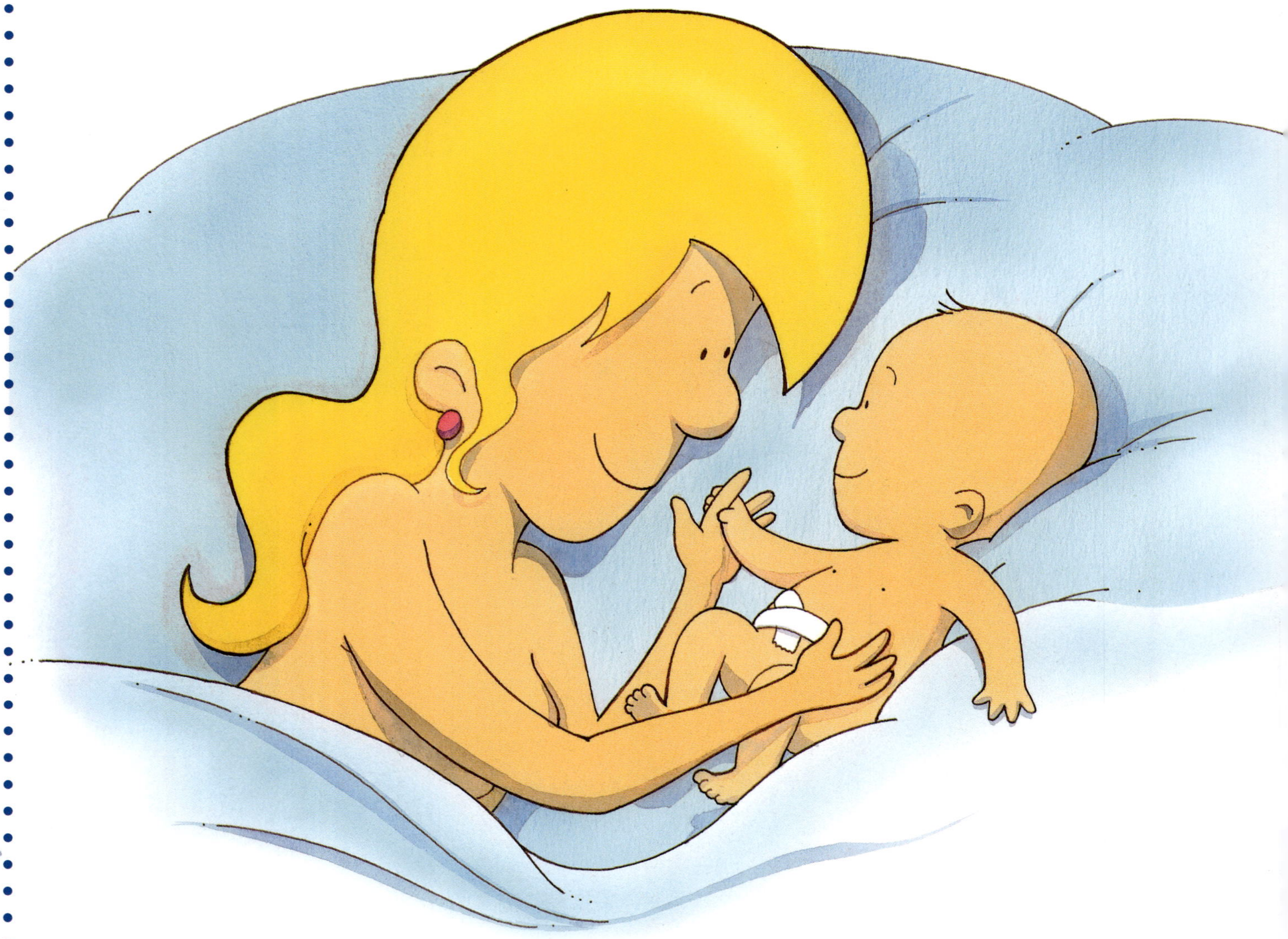

66

Después del nacimiento, la madre vuelve a tener contracciones para expulsar la placenta que ya no es útil dentro del cuerpo.

El parto ha sido emocionante.

La madre y el bebé necesitan quedarse tres o cuatro días en el hospital para descansar y comprobar que están bien.

Después de esos días de reposo en el hospital, se marcharán juntos a casa con el papá.

El bebé exige mucha atención y cuidados.

Los primeros días
hay que cuidarle
el ombligo, curárselo
y desinfectárselo.
El **ombligo** es
la pequeña cicatriz
que queda en
el vientre después
de haber cortado
el cordón umbilical.

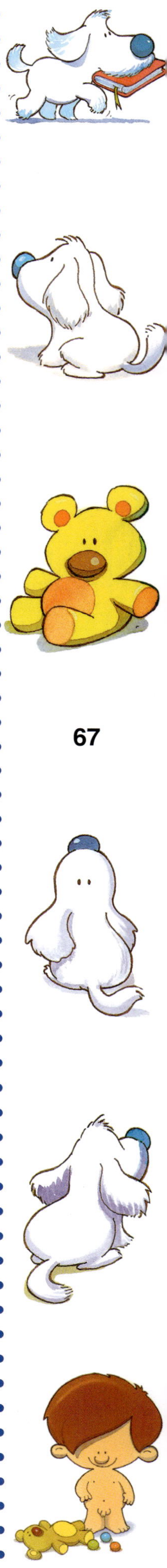

A la mamá se le llenarán los pechos
de leche, que servirá para alimentar
al bebé. Sin embargo, la madre no
siempre puede darle su leche;
entonces tiene que alimentarle
con **biberón**.

El padre participa activamente en
los cuidados del bebé: le da
el biberón, le cambia los
pañales, le baña, le duerme, le
saca de paseo o juega con él.

Con la llegada del nuevo miembro de la familia, las labores de la casa aumentan, por lo que es necesario organizarse mejor. El padre y la madre se reparten las tareas y toda la familia se ocupa del orden y limpieza de la casa.

68

Al principio, los bebés solo se alimentan de leche.

Pasados unos meses, comienzan a tomar papillas y purés.

Durante ese tiempo el bebé va creciendo y ya puede gatear.

Cuando cumple un año come alimentos más variados porque ya le han salido los primeros dientes.

También estará en condiciones de dar sus primeros pasos solo.

¡Esto es un lío!

A los padres

La complejidad de las relaciones personales y sexuales, junto a la evolución que ha experimentado la vida, plantea muchas preguntas a nuestros hijos e hijas. En este capítulo abordamos algunos de esos temas y ciertas creencias falsas que debemos desmitificar.

—En mi casa vivimos mi mamá, mi abuela y yo. (Rubén, 8 años)

En los últimos años la estructura de la familia ha variado. Nuestros hijos e hijas necesitan comprender por qué hay familias distintas y debemos ayudarles a forjar criterios que les enseñen a respetar las diferencias. La separación y el divorcio son hechos frecuentes: si la pareja tiene hijos, hay que asegurarles que su papá y su mamá seguirán queriéndoles y conviene explicarles cómo se les cuidará en el futuro.

—En mi colegio se ríen de mí. Me llaman gafotas. (Jorge, 9 años)

La televisión y los medios de comunicación nos transmiten un mundo de gente perfecta en el que imperan valores de poder, dinero, belleza y eficacia. Nuestros hijos e hijas necesitan referencias que les ayuden a crecer encontrando su propio ritmo, valorando sus capacidades y aceptando su propio cuerpo y sus limitaciones.

—Me dijo que no se lo contara a nadie. (Cristina, 12 años)

Un alto porcentaje de mujeres y algunos hombres sufren abusos sexuales en su infancia o adolescencia. Si un niño o niña cuenta que alguien le ha hecho u obligado a hacer «cosas» que le avergüenzan, debemos creerle y evitar que la situación se repita.

71

Algunas

Algunas personas creen que el **sexo** es algo sucio o malo.

Pero no es cierto. La **sexualidad** es una de las formas que tenemos las personas para comunicarnos, darnos cariño y placer, y divertirnos juntas.

También hay algunas personas que desconocen cómo funciona su cuerpo. Por ejemplo, no saben qué es lo que tiene que ocurrir para que una mujer se quede embarazada o qué deben hacer, tanto los hombres como las mujeres, para evitar embarazos no deseados.

—Me han dicho que si te bañas en la piscina te quedas embarazada.

mentirijillas

Todas las personas crecemos creyendo historias que no siempre son verdad, pero que nos sirven para entender las cosas de forma sencilla.

Por ejemplo, ¿quién no ha oído que a los bebés los trae la cigüeña?

Hay también otras creencias más perjudiciales, como que si dos personas se dan un beso en la boca o se acarician los genitales, la mujer quedará embarazada. Por supuesto, no es así. Para que se produzca un embarazo es necesario que el hombre y la mujer realicen el coito.

También puede haber embarazo, aunque no es frecuente, si el hombre eyacula en la entrada de la vagina.

Otra idea incorrecta es que si la pareja realiza el coito de pie, no habrá embarazo.

Esto no es cierto. Para que la mujer se quede embarazada lo importante es que el espermatozoide llegue hasta el óvulo, y esto puede suceder en cualquier postura si se introduce el pene en la vagina.

Hay quien cree también que para que se dé un embarazo es necesario hacer el amor más de una vez. Otro error.

Incluso hay quien piensa que la primera vez que una mujer realiza el coito no se puede quedar embarazada. De nuevo es una grave equivocación.

Como ya hemos visto, el embarazo se produce al unirse un óvulo de la mujer con un espermatozoide del hombre, y esto puede ocurrir en una sola penetración, aunque sea la primera, y en cualquier posición.

También se tienen algunas ideas equivocadas sobre la masturbación. Quizá hayas oído frases como estas:

—Si te tocas el pene te pondrás enfermo.

—Solo las niñas malas se tocan ahí abajo.

—Los chicos y las chicas tienen granos porque se masturban.

Todo son falsedades. Acariciarse los genitales y cualquier otra parte del propio cuerpo es una forma de conocernos, cuidarnos y darnos placer, y no provoca desarreglos.

También se han dicho muchas cosas equivocadas sobre la menstruación. Por ejemplo, que las mujeres podían enfermar si se bañaban durante esos días. No es verdad. La menstruación no hace daño ni a la mujer ni a nada de su alrededor y las niñas deben entender que esos días son iguales que todos los demás.

Otra afirmación incorrecta es que las chicas que tienen relaciones sexuales con varios chicos son unas **prostitutas**. No es cierto: una prostituta es la mujer que cobra dinero a los hombres a cambio de mantener relaciones sexuales con ellos. También hay hombres que lo hacen. Lo importante es que cada persona sepa elegir cuándo, con quién y por qué hace el amor.

También habrás oído decir que un pene grande es mejor que uno pequeño, o más valioso. Tonterías. ¿Pensarías que una persona con la nariz grande es mejor que otra con la nariz pequeña?

Entonces, ¿por qué iba a ser distinto con el tamaño del pene?
El hecho de que un pene sea grande o pequeño no cambia el valor
de la persona ni su capacidad para hacer el amor.

Seguramente en tu clase o entre las personas que conoces hay mucha gente diferente. Habrás visto niñas y niños rubios, morenos o pelirrojos.

A lo mejor conoces personas de distintas **razas** o países.
Hay personas bajitas, altas, gordas y flacas.

Quizá alguna vez te hayas puesto triste porque te parece que hay niños o niñas mejores que tú. Eso no es verdad: hay niños o niñas a los que se les da bien la gimnasia, algunos hacen muy rápido los problemas de matemáticas y otros dibujan estupendamente.

78

irrepetible!

Pero eso no significa que sean mejores, sino que todos somos distintos. Cada persona es única y especial.

Puede que seas bajito o bajita, o que no se te dé bien la geografía, pero a lo mejor cantas muy bien. Otra persona puede que no corra deprisa pero tal vez sea muy divertida.

Si todos fuésemos iguales, sería muy aburrido.

¿Te imaginas una clase en la que todos hablaran con la misma voz, tuvieran la misma cara y les gustaran las mismas cosas?

Todas las personas somos diferentes y se nos quiere por ser como somos.

No todas las como

Habitualmente, cuando pensamos en una familia, nos imaginamos una madre, un padre y algún niño o niña. Pero no todas son así.

Hay familias formadas solo por la pareja y otras en las que solo vive la mamá o el papá con los hijos o las hijas. Esto puede deberse a causas muy distintas: que el padre y la madre nunca hayan vivido juntos, que uno de ellos haya muerto o, sencillamente, que la pareja decida separarse.

En muchas familias el padre trabaja fuera de casa y es la madre quien se ocupa de las tareas del hogar y de cuidar a sus hijos e hijas. Otras

familias son la mía

veces, cuando los dos trabajan fuera, a los niños y niñas se les lleva a la guardería o se les deja al cuidado de algún familiar u otras personas.

Hay familias en las que la madre trabaja fuera de casa y el padre se ocupa de hacer la comida, de la limpieza y de atender a los hijos e hijas. Asimismo existen familias formadas por muchos hermanos y hermanas, y se tienen que organizar para atender todas las tareas diarias de la casa.

También resulta corriente que en el hogar convivan el abuelo o la abuela, o algún otro familiar.

Cuando una pareja se separa o se **divorcia** quiere decir que la madre
y el padre han decidido no vivir más tiempo en la misma casa.
Esto no significa que ya no sean el papá o la mamá de los hijos e hijas,
ni que vayan a dejar de quererlos y cuidarlos.

Tampoco quiere decir que alguien de la familia haya hecho algo malo.
Algunos niños o niñas creen que el papá y la mamá se separan
por su culpa. Pero esto nunca es así.

Cuando el papá y la mamá se han separado, a veces
uno de ellos encuentra una nueva pareja. En esos casos, si se llevan
bien, seguramente querrán vivir juntos, cuidar de los hijos o incluso
tener un nuevo bebé.

Entonces ocurre que hay niños y niñas viviendo en la misma casa sin
ser hijos del mismo papá o de la misma mamá. Pero pueden vivir y
quererse como si fueran hermanos.

También hay parejas formadas por dos personas del mismo sexo que,
en ocasiones, tienen hijos o hijas de otra pareja, o bien deciden adoptar
un niño o una niña.

Como verás, hay muchas maneras de vivir en familia. Lo importante
es que la gente se lleve bien y todos estén a gusto.

Decir «NO»

—¿Quieres un helado?

—¡No! Mi papá y mi mamá me han dicho que no acepte regalos de extraños.

A las personas de cualquier edad nos gusta estar cerca de alguien a quien queremos para hablar y decirnos palabras cariñosas y acariciarnos.

Pero nos gusta hacerlo cuando nos apetece y con las personas que queremos.

No nos gusta hacer lo mismo con todo el mundo ni en cualquier momento.

A algunas personas les cuesta relacionarse con la gente de su edad.

No se atreven a pedir a otras personas adultas las caricias, los mimos y las relaciones sexuales que necesitan. Por eso, a veces, se acercan a niños o niñas para tener algún tipo de contacto sexual. Pueden querer mirar o tocar los genitales de los niños, o que los niños y niñas les toquen a ellos. A veces solo quieren que se les mire cuando se exhiben desnudos.

Nada de esto es bueno para los niños y las niñas, ni tampoco para las personas adultas. Este tipo de gente puede utilizar engaños o amenazas

para convencer a los niños y a las niñas de que hagan este tipo de cosas y lo mantengan en secreto.

Pueden decirles, por ejemplo:

—Esto ocurre porque eres una persona mala. Si lo dices, todos van a saber lo malo o mala que eres.

Otras veces les engañan diciendo:

—Si no lo haces, es que no me quieres.

—Esto es un secreto entre tú y yo.

—Este es nuestro juego especial.

También pueden intentar convencer a los niños y a las niñas dándoles regalos o dinero, o incluso golpeándoles.

En otras ocasiones dicen que es una forma de educarles en las cosas del sexo. No es verdad.

Si alguna vez te ocurriese algo parecido con una persona mayor que tú, debes decir que NO.

Esto no ocurre por tu culpa, sino porque esa persona está enferma. Nunca debes guardar el secreto y tienes que contárselo a una persona mayor en la que confíes para que te ayude.

¿Y qué es eso

Otra de las cosas de las que habrás oído hablar es del SIDA y a lo mejor no entiendes de qué se trata.

El SIDA es una enfermedad causada por una especie de bichito muy, muy pequeño llamado **virus** VIH. Este virus se introduce en las células que tiene el organismo para defenderse de otros microbios. Cuando ocurre esto, el cuerpo va perdiendo poco a poco la capacidad de protegerse de otras enfermedades.

—En mi clase hay un niño con SIDA.

—¿Y puedes jugar con él?

—¡Claro que sí!

Pero hay varias formas posibles de contagiarse el SIDA.

Por ejemplo, cuando la sangre de una persona entra en contacto con la de otra: en una **transfusión**, al compartir cepillos de dientes, con la cuchilla de afeitar…

Y, muy a menudo, por pincharse con una jeringuilla que ya ha sido usada.

88

del SIDA?

Por eso, como medida de precaución e higiene, no debes jugar con jeringuillas que te encuentres tiradas en los parques ni compartir los cepillos de dientes.

Otra forma de contagio posible es durante las relaciones sexuales en las que se practica el coito. Para evitarlo es necesario utilizar preservativos.

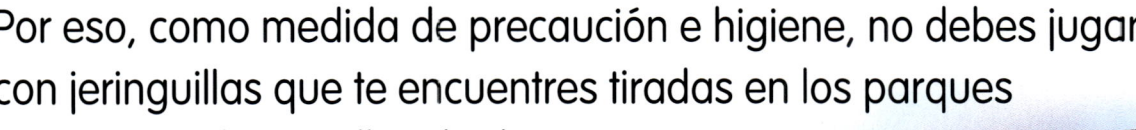

Usándolos se previene también el contagio de otras enfermedades de transmisión sexual.

Además, si una mujer con SIDA queda embarazada, puede transmitírselo a su bebé.

En cambio, podemos jugar y hacer deporte con personas con SIDA; y compartir ropa, bocadillos o servicios; bañarnos en la misma piscina, abrazarnos y dormir en el mismo cuarto.

A pesar de lo que piensa mucha gente, el SIDA no es una enfermedad que se contagie de cualquier forma.

Si conoces a una persona que tiene SIDA, ¡no te preocupes!, puedes vivir con ella sin ningún problema.

Si en el colegio una niña o un niño que tiene este virus o está enfermo se cae y se hace una herida, la maestra o el maestro debe lavarle con cuidado y desinfectarle como se hace siempre, tomando la precaución de no entrar en contacto con su sangre.

Lo que hemos aprendido

• Todos somos diferentes;
cada persona es única y especial.

92

• Desde que nacen, los niños y las niñas tienen
órganos sexuales internos y externos diferentes.

• Cada persona tiene unas características físicas
y una forma de ser particulares. Sus juegos y actividades
son distintos porque cada persona es distinta.
Esto no depende de que sea hombre o mujer.

• Las personas van cambiando a lo largo de la vida.
Cambian sus cuerpos y la manera de relacionarse
con los demás.

aprendido en...
somos niños y niñas?

• Tanto a los hombres como a las mujeres, a las niñas como a los niños, les gusta sentir el contacto de otras personas, que les acaricien y acariciarse a sí mismos.

• Desde que nacemos y a lo largo de toda la vida, las personas necesitamos estar con otras personas.

• Podemos tener distintos sentimientos hacia los demás: amistad, cariño, enamoramiento, atracción sexual…

• Además, esto puede surgir entre un hombre y una mujer, entre dos hombres o entre dos mujeres.

• Tener relaciones sexuales es algo placentero. Cuando se hace el amor es muy importante tener claro si se quiere hacer y con qué persona.

aprendido en...

hacen papá y mamá?

95

- Cuando se hace el amor y se realiza el coito las mujeres pueden quedar embarazadas. Si la pareja no quiere tener bebés debe utilizar métodos anticonceptivos.

- Para tener un hijo o una hija hay que ser mayor y así poder darle los cuidados necesarios.

- Cuando una pareja quiere tener hijos o hijas, sabe que podrá cuidar de ellos y ayudarles a que se hagan mayores.

- Para poder tenerlos deben hacer el amor y realizar el coito; así el óvulo y el espermatozoide pueden juntarse y se produce un embarazo.

- Otra forma de ser padre o madre es que la pareja adopte a una niña o un niño que necesita una familia.

- Desde el momento de la fecundación hasta el nacimiento, el óvulo fecundado va transformándose y creciendo hasta convertirse en un bebé. Necesita para ello aproximadamente nueve meses.

aprendido en...
dónde sale este bebé?

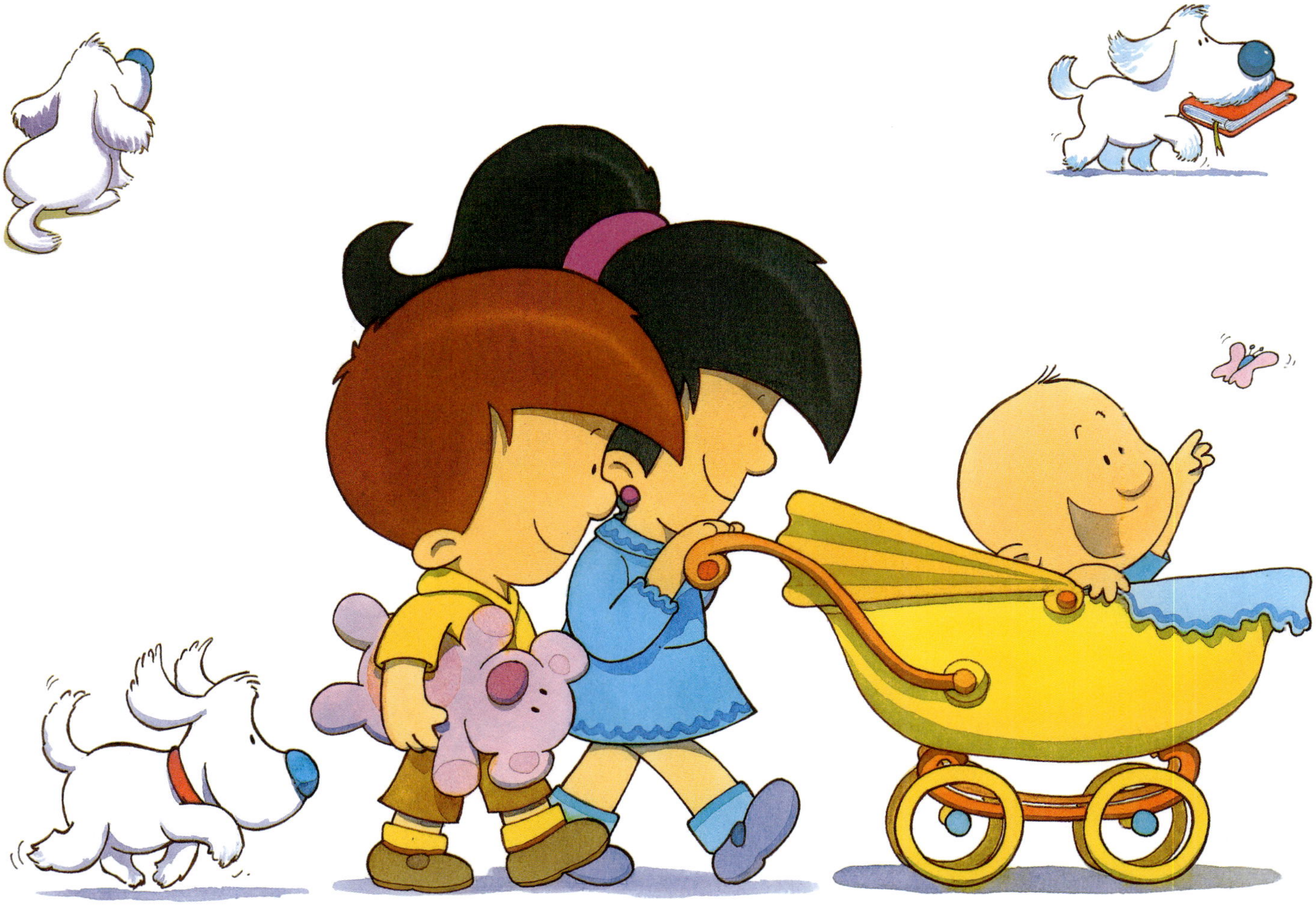

- Durante el embarazo es fundamental que la madre se cuide para que el bebé pueda crecer sano.

- Cuando nace la niña o el niño, es importante que toda la familia colabore en su cuidado.

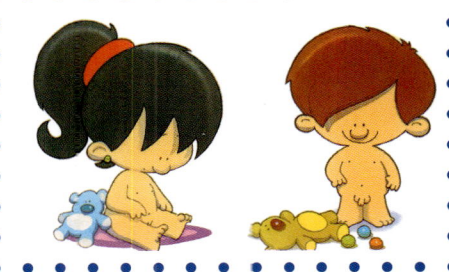

- A lo largo del tiempo la gente se ha formado muchas ideas equivocadas sobre la sexualidad y el funcionamiento del cuerpo. Por eso es importante que nos informemos adecuadamente.

- Hay muchas formas de vivir en familia. Cualquier manera de compartir la vida con otros es válida y digna de respeto.

- Debemos elegir con quién nos gusta estar. Si un adulto te pide algo que te da vergüenza o no te gusta, dile que NO. Si necesitas ayuda, pídesela a una persona mayor en la que confíes.

aprendido en...
es un lío!

• El SIDA es una enfermedad grave producida
por un virus. Hemos de saber cómo se contagia,
aunque podemos vivir con un enfermo sin contraerla.

• Todas las personas somos diferentes. Nadie vale más
que nadie. Todos tenemos algo
importante que compartir
con los demás y a cada uno
se nos quiere por lo que somos.

Vocabulario

Acné: erupción de granitos en la piel de la cara y la parte superior del cuerpo, sobre todo durante la pubertad.

Adopción: convertir legalmente en hijo propio a un niño nacido de otros padres.

Amamantar: proceso de alimentar al bebé durante los primeros meses ofreciéndole la leche materna que se genera en los pechos de la mujer.

Análisis: estudio químico que se hace de la sangre y/o de la orina de la mujer para comprobar si está embarazada.

Anidación: lo que hace el óvulo recién fecundado por el espermatozoide cuando alcanza el útero y se pega a su pared.

Anticonceptivos (métodos): distintas formas de evitar que la mujer se quede embarazada. Los más habituales son las píldoras anticonceptivas (para ellas) y los preservativos (para ellos).

Atracción sexual: sensación que tienen hombres y mujeres hacia sus semejantes, y que provoca cierta excitación nerviosa.

Biberón: recipiente especialmente preparado con una tetina de goma o silicona, para ofrecer leche maternizada a los bebés que no son amamantados.

Célula: elemento anatómico microscópico de los vegetales y los animales. Es un tejido orgánico (vivo). Las células reproductoras de las personas son los óvulos y los espermatozoides.

Cesárea: operación que se realiza en el vientre de algunas madres para que pueda salir el bebé cuando este no nace por el conducto natural.

Clítoris: abultamiento muy pequeño que está en la vulva, sobre los labios menores. Es la parte sexual más sensible de la mujer y fuente de placer.

Coito: introducción del pene del hombre en la vagina de la mujer. Es lo mismo que penetración, pero referido a la actividad de la pareja.

Compresa: objeto fabricado de fibras y algodón que utilizan las mujeres du-

rante los días de la menstruación para que recoja de una forma higiénica la sangre expulsada por la vagina.

Conductos deferentes: cada uno de los canales que comunica los testículos con la vesícula seminal (donde los espermatozoides se mezclan con el semen) y con la uretra, por donde este se expulsa.

Contracciones: dolores que se repiten de forma rítmica y que siente la madre durante el parto, mientras su cuerpo se prepara para expulsar al bebé.

Cordón umbilical: órgano que comunica el embrión o feto con la placenta de la madre. Cuando nace el bebé, este cordón se corta y así se forma la cicatriz que llamamos ombligo.

Cuello del útero: estrechamiento del conducto interno que hay entre la vagina y el útero por el que pasan los espermatozoides tras el coito y la eyaculación.

Divorcio: cuando una pareja casada deja de estarlo. Las dos personas ya no viven juntas y cada una podrá empezar una nueva relación de pareja.

Ecografía: reconocimiento interno que se realiza a la mujer mediante el cual puede verse en un monitor el feto contenido en el vientre materno.

Embarazo: estado de la mujer que ha sido fecundada por un hombre y tiene un feto creciendo en su útero.

Embrión: nombre que recibe el óvulo fecundado y anidado en el útero durante los dos o tres primeros meses de su crecimiento.

Enamoramiento: sentimiento que consiste en el despertar de la pasión por otra persona.

Enfermedad de transmisión sexual: aquella que se contagia al mantener relaciones sexuales completas (coito) sin utilización de preservativo.

Erección: momento en el que el pene se alarga y se pone duro, debido a la estimulación y a la excitación.

Escroto: bolsa de piel situada entre las piernas, bajo el pene, que cubre y proteje los testículos.

Espermatozoides: células reproductoras de los hombres. Contiene parte de la información necesaria para formar un bebé.

Eyaculación: expulsión por el pene del líquido que transporta los espermatozoides (semen).

Familia: individuos que viven en la misma casa bajo la autoridad de una o más personas. Suelen tener vínculos de ascendencia o descendencia.

Fecundar (fecundación): unirse el óvulo y el espermatozoide para asentarse en el útero femenino. La fecundación asistida consiste en ayudar médicamente a los padres para que conciban un hijo.

Fértil (fertilidad): el que es capaz de producir frutos. El hombre y la mujer son fértiles a partir de la pubertad, cuando producen espermatozoides y óvulos respectivamente.

Feto: nombre que recibe el bebé que se está formando desde los tres o cuatro meses de embarazo hasta que nace.

Gemelos: hermanos o hermanas que nacen a la vez y que se han formado a partir de un mismo óvulo fecundado.

Genitales: órganos sexuales de la mujer y del hombre. En la mujer se puede ver la vulva, que es la parte situada por debajo del pubis, entre las piernas. En el hombre podemos ver el pene y los testículos.

Glande: punta o cabeza del pene, tapado por la piel del prepucio en estado de reposo y que se descubre durante la erección.

Hacer el amor: actos cariñosos entre los miembros de una pareja que suelen culminar con el coito.

Hermanos y hermanas: biológicamente, hijos e hijas nacidos del mismo padre y de la misma madre.

Homosexual: hombre que prefiere enamorarse y mantener relaciones sexuales con otros hombres, y no con mujeres.

Labios mayores: piel carnosa externa que forma la vulva, protege los órganos sexuales externos femeninos y con la pubertad se cubre de vello.

Labios menores: pliegues de piel, resguardados por los labios mayores, que a su vez resguardan el meato urinario y la abertura de la vagina. En la parte superior de estos se sitúa el clítoris.

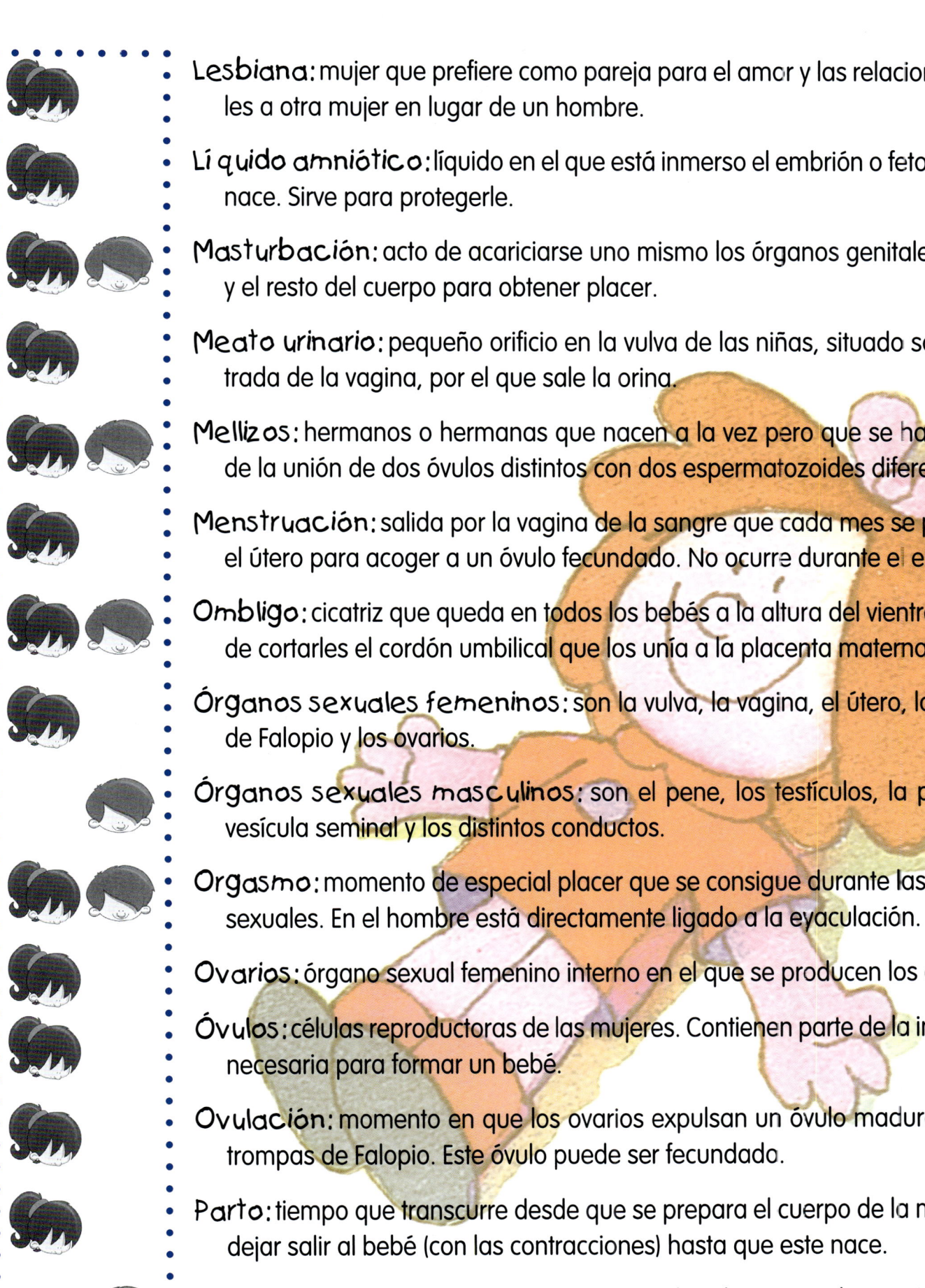

Lesbiana: mujer que prefiere como pareja para el amor y las relaciones sexuales a otra mujer en lugar de un hombre.

Líquido amniótico: líquido en el que está inmerso el embrión o feto hasta que nace. Sirve para protegerle.

Masturbación: acto de acariciarse uno mismo los órganos genitales externos y el resto del cuerpo para obtener placer.

Meato urinario: pequeño orificio en la vulva de las niñas, situado sobre la entrada de la vagina, por el que sale la orina.

Mellizos: hermanos o hermanas que nacen a la vez pero que se han formado de la unión de dos óvulos distintos con dos espermatozoides diferentes.

Menstruación: salida por la vagina de la sangre que cada mes se prepara en el útero para acoger a un óvulo fecundado. No ocurre durante el embarazo.

Ombligo: cicatriz que queda en todos los bebés a la altura del vientre, después de cortarles el cordón umbilical que los unía a la placenta materna.

Órganos sexuales femeninos: son la vulva, la vagina, el útero, las trompas de Falopio y los ovarios.

Órganos sexuales masculinos: son el pene, los testículos, la próstata, la vesícula seminal y los distintos conductos.

Orgasmo: momento de especial placer que se consigue durante las relaciones sexuales. En el hombre está directamente ligado a la eyaculación.

Ovarios: órgano sexual femenino interno en el que se producen los óvulos.

Óvulos: células reproductoras de las mujeres. Contienen parte de la información necesaria para formar un bebé.

Ovulación: momento en que los ovarios expulsan un óvulo maduro hacia las trompas de Falopio. Este óvulo puede ser fecundado.

Parto: tiempo que transcurre desde que se prepara el cuerpo de la madre para dejar salir al bebé (con las contracciones) hasta que este nace.

Pene: órgano sexual externo masculino. Los hombres eyaculan y orinan por él.

Penetración: introducción del pene del hombre en la vagina de la mujer. Es lo mismo que el coito, pero referido al acto que realiza el hombre.

Píldora anticonceptiva: pastillas que toma la mujer para no quedarse embarazada. Impide que los óvulos maduren en los ovarios.

Placenta: órgano que sirve para que el cuerpo de la madre alimente al embrión o feto. Se desarrolla durante el embarazo y se expulsa minutos después de que nazca el bebé.

Placer: sensación agradable que, practicando el sexo, se obtiene mediante caricias en el propio cuerpo y en el de la pareja.

Prepucio: piel que envuelve el glande o cabeza del pene y que se estira cuando se produce la erección.

Preservativo: funda de goma que se pone en el pene en erección. Se utiliza para evitar el embarazo y el contagio de las enfermedades de transmisión sexual durante el coito.

Próstata: Lugar en el que se produce el líquido en el que viajan los espermatozoides.

Prostituta: mujer que recibe dinero por mantener una relación sexual. También lo hacen algunos hombres.

Pubertad: época de la vida que sigue a la infancia y en la que se producen los grandes cambios del cuerpo.

Pubis: parte del cuerpo situada sobre sobre los órganos sexuales, tanto en los hombres como en las mujeres, que está recubierto de vello púbico.

Relaciones sexuales: se conoce por este nombre el intercambio de caricias que realizan las parejas cuando practican sexo, realicen o no el coito.

Raza: cada uno de los grupos en que se divide la especie humana y que, por su color de piel y otras características, se distinguen en raza blanca, amarilla, cobriza y negra.

Semen: líquido blanco y espeso que contiene y transporta los espermatozoides.

Sexo: condiciones anatómicas y fisiológicas que distinguen, en todas las especies, a los machos de las hembras.

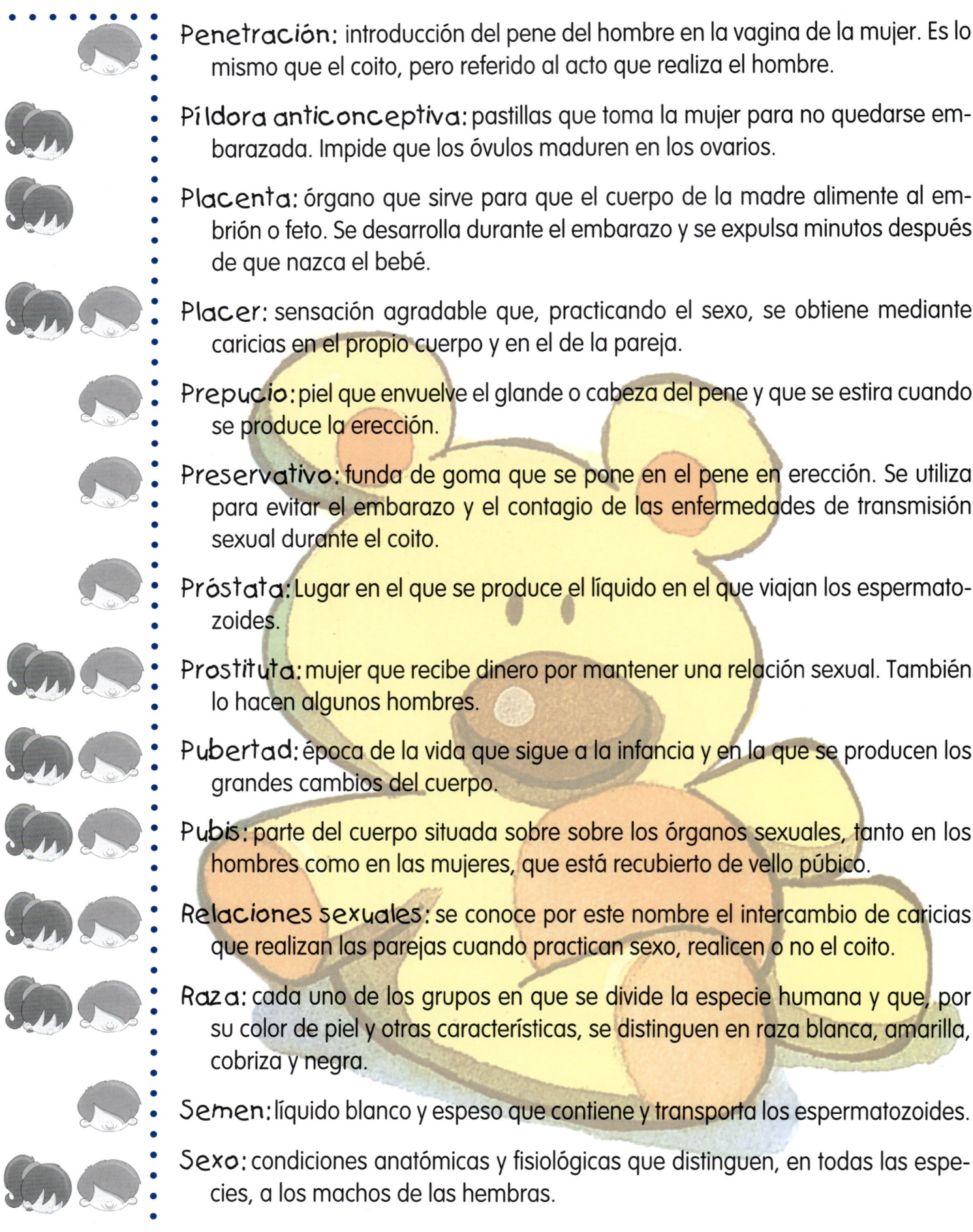

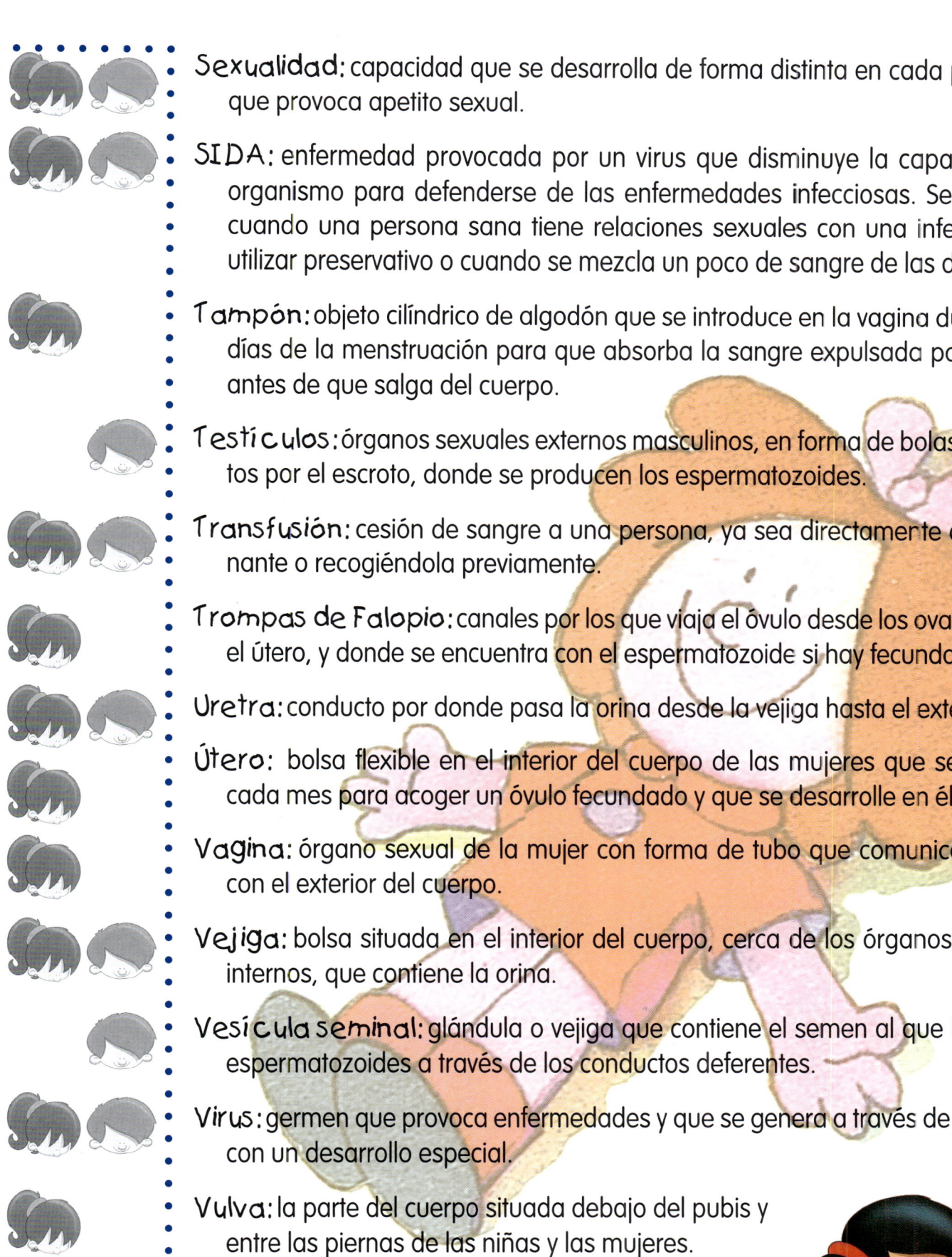

Sexualidad: capacidad que se desarrolla de forma distinta en cada persona y que provoca apetito sexual.

SIDA: enfermedad provocada por un virus que disminuye la capacidad del organismo para defenderse de las enfermedades infecciosas. Se contagia cuando una persona sana tiene relaciones sexuales con una infectada sin utilizar preservativo o cuando se mezcla un poco de sangre de las dos.

Tampón: objeto cilíndrico de algodón que se introduce en la vagina durante los días de la menstruación para que absorba la sangre expulsada por el útero antes de que salga del cuerpo.

Testículos: órganos sexuales externos masculinos, en forma de bolas y cubiertos por el escroto, donde se producen los espermatozoides.

Transfusión: cesión de sangre a una persona, ya sea directamente de un donante o recogiéndola previamente.

Trompas de Falopio: canales por los que viaja el óvulo desde los ovarios hasta el útero, y donde se encuentra con el espermatozoide si hay fecundación.

Uretra: conducto por donde pasa la orina desde la vejiga hasta el exterior.

Útero: bolsa flexible en el interior del cuerpo de las mujeres que se prepara cada mes para acoger un óvulo fecundado y que se desarrolle en él un bebé.

Vagina: órgano sexual de la mujer con forma de tubo que comunica el útero con el exterior del cuerpo.

Vejiga: bolsa situada en el interior del cuerpo, cerca de los órganos sexuales internos, que contiene la orina.

Vesícula seminal: glándula o vejiga que contiene el semen al que llegan los espermatozoides a través de los conductos deferentes.

Virus: germen que provoca enfermedades y que se genera a través de bacterias con un desarrollo especial.

Vulva: la parte del cuerpo situada debajo del pubis y entre las piernas de las niñas y las mujeres. Comprende el clítoris, el meato urinario, la entrada de la vagina, los labios menores y los labios mayores.